AF589002

DEFENSE DES DISCIPLES DE S. AVGVSTIN.

CONTRE VN SERMON DV PERE BERNAGE Iesuite.

Presché dans la Chappelle de S. Louïs le Dimanche 28. Aoust 1650.

A PARIS.

M. DC. L.

DEFENSE DES DISCIPLES DE S. AVGVSTIN,

Contre vn Sermon du Pere Bernage Iesuite, Preſché dans la Chappelle de Saint Loüys le Dimanche 28. Aouſt 1650.

PERE Bernage, puis qu'il eſt permis aux Ieſuites de ſe ſeruir des chaires de l'Euangile pour en faire le Theatre de leurs paſſions, & qu'ils peuuent meſpriſer impunément les Ordonnances des Prelats auſſi bien que toutes les regles de la modeſtie & de la charité Chreſtienne; Voſtre Societé me permettra d'oppoſer à vos ſanglantes inuectiues cette Defence innocente de S. Auguſtin & de ſes Diſciples que vous deſchirez auec tant d'excés; & quoy que vos Peres ne doiuent pas attendre de moy des Panegyriques pour le ſcandale qu'ils ſe plaiſent d'exciter & d'entretenir; Ie croy neantmoins qu'ils ne ſe pourront plaindre de mon procedé ſans vne notable injuſtice.

Certainement ſi le zele que nous auons pour la paix n'eſtoit égal à celuy que nous auons pour la verité, nous euſſions pû nous plaindre de vos outrages autrement que par eſcrit; il nous eſtoit facile d'en repreſenter publiquement l'indignité aux peuples qui eſtoient deſia dans le trouble & dans le murmure; & de monter en chaire auſſi bien que vous pour apporter en pluſieurs endroits de Paris vn grand remede à ce grand mal dont vous auez voulu eſtre l'auteur: Et ſi l'animoſité auoit eſté ſi violente dans voſtre bouche, la pieté n'auroit eſté ny muette, ny impuiſſante dans celle de pluſieurs Predicateurs de l'Euangile: Mais nous ne pretendons aucune part à vos Priuileges: Comme nous faiſons gloire d'eſtre ſoûmis à l'autorité des Prelats qui ſont nos Peres, nous eſpargnons la foibleſſe des Laïques qui ſont nos Enfans: Nous ne voulons point faire de cette ſemence diuine dont nous ſommes les diſtributeurs vne ſemence de diuiſion: Et quoy que nous ne puiſſions abandonner les intereſts de la verité par vne diſſimulation laſche, & par vn ſilence pernicieux; neantmoins nous conſiderons les Egliſes comme des lieux Saints, où l'on offre des ſacrifices & des prieres au Dieu viuant, & où l'on enſeigne les peuples, & non pas comme vn profane barreau deſtiné au tumulte de la contention, & à la chaleur de la diſpute.

Ainſi nous nous ſommes contentez d'abord de gemir ſecrettement ſur voſtre aueuglement deplorable, & d'auoir moins de reſſentiment de nos injures particulieres que de pitié pour toute voſtre Compagnie qui ſe plaiſt de faire paroître tous les jours de plus en plus ſa veritable foibleſſe dans la violence de ſa paſſion, & qui croit auoir ſatisfait les Sages quand elle a fait vn bruit extraordinaire parmi le peuple. Nous auons voulu eſprouuer encore vne fois ſi la confuſion publique qui a ſuiui cette derniere entrepriſe ne vous ſeroit pas d'elle-meſme vne aſſez grande correction; & en tout cas, tandis que vous eſtiez encore enyurez de la mal-heureuſe ſatisfaction d'auoir aſſouui voſtre vengeance aux deſpends de voſtre honneur, vous n'eſtiez pas capables d'ouurir les yeux ſur l'enormité de cét attentat, & de preſter l'oreille aux plus charitables Remonſtrances.

Mais apres auoir donné à la patience & à la moderation Chreſtienne ce que la prudence & la charité nous obligeoient d'y deferer, nous ne pouuons pas trahir la cauſe de la verité que vous auez ſi cruellement outragée : & de peur que vous ne vous flattiez de cette aueugle licence de dire tout ce qu'il vous plaiſt dans des lieux où vous eſtes aſſeurez que perſonne ne vous reſpondra, vous deuez croire que nous ſerons touſiours preſts de confondre par de ſolides Eſcrits vos Declamations ſeditieuſes,& de guerir par les yeux ceux que vous aurez voulu empoiſonner par les oreilles.

Faites donc ce que vous voudrez pour perſecuter la verité qui vous accable; deſchirez en public par vos inuectiues inſolentes ceux à qui vous dreſſez des pieges continuels par vos intrigues ſecrettes, & par vos cabales artificieuſes; puis que vous reputez à deshonneur de conſpirer auec nous pour faire regner la Grace de IESVS-CHRIST dans les ames des fidelles, & que vous aymez mieux eſtre les flatteurs de l'orgueil humain que les Aduocats de l'humilité Chreſtienne, nous tiendrons à gloire de ſouffrir vos injures auec patience, & de repouſſer auec vigueur vos erreurs & vos calomnies. Comme la doctrine du grand Apoſtre de la Grace, dont ſainct Auguſtin eſt le fidelle Interprete, ſera touſiours la lumiere qui reglera nos ſentimens, l'exemple de ce diuin Paul nous seruira de modelle; Et apres auoir dit comme luy dans la sincerité de nostre cœur *que nous souhaittons toute sorte de benedictions & de graces à ceux qui nous chargent de maledictions; que nous souffrons de bon cœur & sans aucun esprit de vengeance les persecutions que l'on nous fait; que nous prions pour la conuersion de ceux qui nous disent les injures les plus atroces*; apres auoir cherché vne consolation puissante dans cette maxime de nostre Religion, *que c'est vne plus grande grace de souffrir quelque chose pour* IESVS-CHRIST, *que de croire seulement en luy*, nous ne craindrons pas de paroître les Disciples de ce Docteur de toutes les Nations dans vn autre point de sa conduite, *& d'estre également soigneux d'instruire les peuples à la pieté dans une saine doctrine, & de repousser fortement ceux qui s'y opposent.*

Maledicimur, & benedicimus: persecutionem patimur, & sustinemus: blasphemamur, & obsecramus 1. *Cor.* 4. *v.* 12. 13.

Vobis donatum est pro Christo, non solum vt in eum credatis, sed vt etiam pro eo patiamini. *Phil.* 1. *v.* 29.

Vt potens sit exhortari in doctrina sana, & eos qui contradicunt, arguere. *Tim.* 1. *v.* 9.

En effet, comme dit excellemment vne des plus grandes lumieres de nostre France & de l'Eglise vniuerselle, l'Apostolique S. Hilaire de Poitiers, *Il y en a plusieurs qui feignãs d'estre fidelles ne sont pas soûmis à la foy dont ils font profession; au lieu de la receuoir telle qu'elle leur a esté laissée, ils s'en font plustost vne à eux mesmes telle qu'ils se la veulent figurer; & parce qu'ils sont enflez du superbe sentiment de la vanité humaine, ils veulent que leur doctrine soit conforme à leurs volontez & à leurs inclinations, & ne veulent pas faire leur doctrine de la verité; quoy que la veritable sagesse consiste à auoir quelquefois des sentimens contraires à nos volontez & à nos desirs. De-là vient qu'vn discours impertinent est vne suitte ordinaire de cette fausse sagesse qui consiste à ne croire que ce que l'on veut; & il ne se peut faire que l'on n'exprime par des discours pleins de folie & d'extrauagance les choses que l'on a follement conceües. Mais ces discours impertinens ne sont-ils pas vn mal extrême à tous ceux qui les escoutent; & parce qu'ils sont preoccupez d'vne fausse opinion, & qu'ils se figurent en ces personnes vne sagesse qui ne s'y rencontre point, ne se laissent-ils pas entraisner à leurs mauuais sentimens, & seduire par leurs erreurs & par leurs folies? C'est pour ce sujet que l'Apostre parlant de ces sortes de personnes a obserué quelque ordre & quelque suitte dans son discours: car il y en a plusieurs, dit-il, qui ne sont pas soûmis, qui disent des choses vaines, & qui seduisent les autres. Il faut donc resister fortement & à l'impieté qui s'emporte à l'insolence, & à l'insolence qui prononce de vains discours, & aux vains discours qui seduisent les esprits; & il*

Multi sunt qui simulantes fidem non subditi sunt fidei, sibique fidem ipsi potius constituunt quã accipiunt, sensu humanæ inanitatis inflati, dum quæ volunt, sapiunt, & nolunt sapere quæ vera sunt: cùm sapientiæ hæc veritas sit ea interdum sapere quę nolis. Sequitur verò hanc voluntatis sapientiam sermo stultitiæ, quia necesse est quod stultè sapitur, stultè & prędicetur. Iam verò stulta prædicatio quantum malum est audientium, cùm seducantur in sententiam stultitiæ sub opinione sapientiæ? Et idcirco Apostolus hũc de his ordinem tenuit, dicẽs: Sunt enim multi non subditi, vaniloqui, & seductores. Cõtradicendum est itaq; & impietati insolenti, & insolentiæ vaniloquæ, & vaniloquio se-

y faut resister par la pureté de la saine doctrine, par la verité de la foy, par la sincerité des paroles, afin que la doctrine soit egalement saine & veritable, & que ces deux choses soient inseparables l'vne de l'autre. Peut-on trouuer vne plus merueilleuse peinture de vos desordres que dans ce passage ? Mais peut-on rencontrer ailleurs vne necessité plus euidente de reprimer vos erreurs par la doctrine de l'Eglise, & de repousser vos violences par les armes de la tradition sainte ?

ducenti & contradicendum per doctrinæ sanitatem, per fidei veritatem, per verborum sinceritatem, vt & sanitas veritatis sit, & veritas sanitatis. *Hilar. l. 8. de Trinit.*

La Predestination & la conduite de DIEV sur ses Esleuz auoit toûjours passé pour vn grand mystere; l'Auteur adorable de la Grace auoit obligé les Hommes de s'humilier également & sous le joug de la Foy, & sous l'empire de sa Charité diuine; & ceux qui ont voulu mesurer les secrets de sa Prouidence par la seule force de leur raison, n'ont suiuy ces fausses lumieres que pour tomber à la fin dans vn precipice funeste. Tel a esté l'aueuglement de Pelage ; & parce que la créance de l'Eglise estoit contraire à son inclination, Il s'est voulu faire vne Foy nouuelle pour flatter l'orgueil de nostre nature corrompuë, au lieu de se contenter de celle que IESVS-CHRIST estoit venu apporter au Monde pour sauuer par l'humilité de sa Croix ceux qui s'estoient perdus par vne superbe méconnoissance. Ce malheureux Heresiarque ayant conceu follement vne santé dont nostre nature ne joüissoit plus depuis la cheute du premier Homme, & par vne douceur cruelle ayant formé dans son esprit le dessein pernicieux de nous priuer du secours celeste du Medecin en nous inspirant cette fausse opinion que nous n'estions pas malades, il a exprimé ses pensées criminelles par des paroles impies ; & le venin qu'il a répandu dans les esprits, a fait mourir autant d'Ames qu'il a trouué d'Auditeurs susceptibles de sa mauuaise doctrine. Mais saint Augustin qui estoit destiné par la Prouidence pour abbatre tous les Monstres, & écraser tous les Aspics de son Siecle, a déueloppé tous les replis de ce Serpent dont la subtilité estoit égale à la malice ; Il l'a cõbattu auec le glaiue spirituel des Escritures diuines, & de la Tradition des Saints; & l'ayant fait foudroyer par de rigoureux anathemes, il n'a point permis que ses Membres tronçonnez se réjoignissent impunément dans la France,

Currentem attritos super aspidas & basiliscos declinare vipera non poterit. *Prosper in Epigram.*

en la personne de quelques Prestres de Marseille. Les victoires de ce Saint ayant esté la conseruation de la doctrine des Apostres ont attiré sur elles la benediction de ceux qui sont assis sur le Siege Apostolique ; elles ont toûjours esté viuantes dans la memoire de l'Eglise qui est immortelle, & dans les éloges que les Papes leur ont donnez ; & ses sentimens n'estant plus considerez comme ceux d'vn Docteur particulier, mais comme ceux de l'Eglise mesme & des Papes qui leur ont rendu de si illustres Approbations, & des témoignages si glorieux, on a conserué ces armes celestes dans cet Arsenal spirituel contre lequel toutes les portes de l'Enfer n'auront jamais aucune force.

Pere Bernage, saint Augustin auoit joüy paisiblement de ce priuilege, & depuis Pelage & ses restes malheureux, personne ne luy auoit contesté jusques à la fin du dernier Siecle. Cette licence estoit reseruée à vn Iesuite. Molina vostre confrere s'appuyant plûtost sur les tenebres de la raison superbe & corrompuë que sur la lumiere de la Foy, & sur la baze de l'humilité Chrestienne, s'aduisa de ressusciter les anciennes Erreurs, sous pretexte d'apporter au Monde des clartez nouuelles. Le mépris de saint Augustin fut le Chef-d'œuure de la haute temerité de ce Scolastique moderne. Il creut que son autorité ne seroit pas assez considerable s'il ne l'établissoit sur la ruïne de celle du plus grand Docteur qui ait jamais paru dans l'Eglise, & il s'emporta à cet excés incroyable de traiter indignement celuy dont les Papes, & les Saints n'auoient jamais parlé qu'auec éloges. Car il se vanta *d'estre Auteur d'vne doctrine de laquelle saint Augustin ne s'estoit pas apperceu, parce qu'il estoit comme enuironné d'vn nuage sombre*, & il voulut rendre inutile par cette insolence prodigieuse ce que ce grand Saint a jamais étably de plus important soit pour la conuiction des Heretiques, soit pour l'instruction des Fidelles. Mais Dieu *qui par vne loy infatigable respand de justes aueuglemens sur des passions injustes*, permit que cet Escriuain temeraire joignist au mépris de saint Augustin qui estoit si considerable dans l'Eglise le mépris injurieux d'vne des plus saintes Regles des veritez de l'Eglise; & au lieu de considerer que la nouueauté auoit toûjours passé pour le caractere de l'erreur,

D. Aug. sub quadam quasi caligine ad hæc non attendit. *Molina ad Quæst. 23 art. 4.*

Indefatigabili lege spargens pœnales cœcitates super illicitas cupiditates *Aug.*

A nemine quem viderim hucusque tradita. *Molina.*

il fit vanité de sa propre confusion en s'attribuant *des lumieres toutes nouuelles que personne n'auoit connuës auant luy.*

N'estoit-ce pas presenter en mesme temps le poison & le remede? N'estoit-ce pas condamner sa propre doctrine en voulant la rendre plausible? Et cet ornement odieux ne deuoit-il pas estre plûtost capable de le flestrir que de luy donner quelque attrait? Car, comme dit Vincent de Lerins, *Il ne fut jamais permis, il ne l'est, & ne le sera jamais d'enseigner à des Catholiques & à des Chrestiens quelque autre chose que ce qu'ils ont receu de la Tradition ancienne.* Mais si commettre des fautes est vne imperfection attachée à tous les Hommes, faire des Retractations volontaires est vne vertu dont les Iesuites n'ont pas encore voulu paroistre capables, & les Escriuains mesme de leur Ordre se sont estonnez en cette rencontre *que des opinions qui n'auoient esté inuentées que depuis trois jours, & qu'vne Doctrine qui estoit née de l'esprit & de la teste d'vn seul Escriuain particulier,* fussent deuenuës les opinions & la doctrine de toute leur Compagnie. Depuis ce temps-là, Pere Bernage, S. Augustin n'a receu des Vostres que de veritables injures, ou des loüanges malignes. Vos Suarez & vos Vasquez qui ne sont riẽ moins que les Maistres de tout le Monde, si l'on vous veut croire, ont reconnu à la verité *qu'il brilloit parmy les Peres, comme le Soleil entre les petites estoiles*; mais ç'a esté pour obscurcir la lumiere de ce Soleil par la force de leurs rayons, & l'ayant esleué au dessus des autres par vn feint respect ils se sont esleuez au dessus de luy par vne temerité inoüye. Le Pere Petau, à qui vous ne croyez pas moins qu'à vn Oracle, reconnoist que l'autorité des Peres Latins est d'vn plus grand poids que celle des Grecs dans la matiere de la Grace, & de la Predestination, & qu'entre tous les Latins saint Augustin est le premier & le Chef de tous les autres par le consentement des Theologiens; mais il ruïne aussitost ce qu'il venoit d'établir; & il doit bien connoistre le Iesuite qui a imposé depuis vn an à ce grand Saint dans vne Dissertation Latine d'auoir creu que l'Eucharistie estoit necessaire aux Enfans, afin que sa Doctrine estant suspecte en ce poinct, on cessast de deferer comme l'on fait à son Autorité sainte.

Annunciare aliquid Christianis Catholicis præter id quod acceperint, nusquam licuit, nusquam licet, nusquam licebit. *Vincent. Lirin. in commonit.*

Hesterna Ludouici Molinę commenta. *Mariana de morb. Societatis. c. 4.*

Vnius priuati scriptoris nata ingenio *Fulgatus & Silvester à Petra* sanctæ vitæ Cardin. Bellarm. l. 3. c. 5.

Philipp. Alegambe in Bibliotheca Societ. Iesu.

Inter cęteros Ecclesiæ Patres non aliter quàm sol inter minora sidera pręfulget. *Vasquez in 1. part. S. Thomæ disput. 89. c. 1.*

Mihi in hac parte non probatur doctrina S. Augustini, sed existimo aliter philosophandum. *Idem 1. 2. disput. 193. c. 4.*

Petau Theol. dog Tom. 1. l. 9. c. 6. & l. 10.

Si vous

Si vous traitez auec ce mespris celuy qui n'est pas seulement le Maistre de tous les Theologiens, & de sainct Thomas cet Ange celebre de l'Escole, mais celuy mesme des saincts Papes, selon que Celestin I. le reconnoist en sa personne; pouuons-nous trouuer estrange l'animosité prodigieuse que vous auez conceuë contre ses Disciples, & qui esclatte tous les iours par vos vengeances? Si sainct Augustin regnant dans la gloire,& triomphant encore de toutes les nouuelles heresies apres sa mort par la pureté de sa doctrine que Clement VIII. reconnoist estre hereditaire à l'Eglise; Si sainct Augustin, dis-je, dans cet estat bien-heureux, n'a pû eschapper aux morsures des Iesuittes, faut-il s'estonner de ce que ces Peres, qui sont en possession de faire passer pour des heresies tout ce qui n'est pas conforme à leurs sentimens, ont traité d'vne maniere si injurieuse la memoire de Monsieur Iansenius Euesque d'Ipre? Et ce Prelat encore plus recommandable par sa rare pieté que par sa haute suffisance, n'est-il pas mort coulpable d'vn peché irremissible depuis qu'il a laissé au public par son Testament vn ouurage qui a augmenté la veneration que l'on doit à l'authorité de ce saint Docteur de la Grace, & qui donnent vne si parfaite intelligence de sa doctrine celeste à tous ceux qui s'appliquent à sa lecture sans la préoccupation basse & charnelle d'aucun interest humain? Plustost que vostre societé reçoiue quelque flestrisseure, il vaut mieux que toute la terre soit bouleuersée. Si ce n'est pas assez d'assieger la Cour des Rois par des cabales, & le saint Siege par de fausses accusations des personnes les plus orthodoxes; S'il ne suffit pas de noircir par d'horibles impostures l'honneur des viuans, & de ternir la reputation des morts par de sanglantes calomnies; Si c'est peu de chose de semer par toute la France vne infinité de Libelles qui ont esté conuaincus & foudroyez tout autant de fois qu'ils ont eu l'insolence de paroistre, & qui sont aussi foibles en raisons, qu'ils sont remplis de fortes injures, il reste encore d'autres armes à vos esprits irritez; Et si les doctes ne se laissent pas aisément surprendre par vos escrits,parce qu'il suffit d'auoir des yeux pour découurir vos

Qui piissimis disputatoribus obuiare præsumunt, & magistris nostris tanquam accessarium modum excesserint, obloquũtur. *Celestinus ad Episcopos Galliæ c 5.*

déguisemens & vos faussetez dans vne matiere où vous renouuellez tous les iours les anciennes erreurs, la chaire vous est plus auantageuse pour surprendre la simplicité des femmes, & pour abuser de la credulité du peuple. Ceux qui ne sont pas instruits suffisamment de ces veritez importantes, se persuaderont aisément que les personnes contre lesquelles vous parlez, sont en effet des pestes de Religion; cette pensée leur entrera facilement dans l'esprit, puisque c'est la conduite de l'Eglise de ne décrier en chaire que les heretiques seulement qui sont retranchez de sa communion sainte; & quoy que ce procedé n'ait pas beaucoup reüssi au Pere Noüet au sujet de la Penitence, neantmoins comme son chastiment exemplaire n'a pas esté suiuy de plusieurs pareils supplices, & que la hardiesse de quantité d'autres de ses Confreres n'a pas esté reprimée, l'esperance de l'impunité est vne puissante amorce pour des hommes qui d'ailleurs ont toujours mis la plus grande partie de leurs forces dans l'extremité de leur hardiesse.

C'est icy, P. Bernage, que ie puis dire à vostre occasion ce que saint Augustin, pour lequel i'escris, disoit luy-mesme autrefois aux Donatistes, dont l'opiniastreté le remplissoit d'estonnement : *Quelle hardiesse, disoit-il, ne se donne point la temerité des hommes, lors qu'elle tombe dans le precipice de quelque pernicieux sentiment, & de quelque erreur qu'elle a honte d'abandonner à cause de la vanité qui les possede, & qu'elle n'a point honte de soustenir au préjudice de la verité!* La doctrine de saint Augustin ne s'ajustoit pas à la vostre; il a fallu pour authoriser vos opinions, ou tascher de la destruire, ou essayer de la corrompre: Il a fallu, ou dire que ce grand saint ne meritoit pas d'estre consulté plus que les autres Docteurs dans la matiere de la Grace, ou luy imposer d'estre du sentiment de Molina, quoy que Molina fasse vanité du contraire; Il a fallu ou luy declarer la guerre en le mesprisant publiquement, ou vous seruir de ses propres estendars & emprunter ses liurées pour combatre contre luy : Et quoy que ces deux choses semblent se destruire, neantmoins vous vous estes seruis également de l'vne & de l'au-

Quid non audeat humana temeritas, cùm in sententias humani præcipitatur erroris, quam relinquere propter vanitatem pudet, & defendere contra veritatem non pudet. *Aug. l. 4. contra Crescon. Grammat. c. 38.*

tre selon les differentes occasions, pour respandre comme vn nuage sur vostre conduite, & faire croire aux ignorans que vous dites vray quand vous dites des choses contradictoires.

C'est dans cet esprit que vos Peres firent venir il y a quelque temps le P. Adam des extremitez de la Guyenne pour apporter à Paris l'insolence d'vn Declamateur sans front, & la temerité d'vn Escriuain sans pudeur ; & au lieu qu'il ne deuoit auoir ny vne plume, ny des paroles que pour honorer saint Augustin auec tout le reste de l'Eglise, il s'est seruy de sa main & de sa langue pour ternir le lustre d'vne doctrine si sainte, & pour obscurcir vne reputation si glorieuse. Apres auoir leu ses escrits auec horreur, on a oüy ses predications auec scandale. Car qui ne seroit saisi d'horreur en lisant d'vne part dans vn meschant liure les plaintes injustes qu'il fait de la chaleur pretenduë de ce grand Saint, comme si elle l'auoit fait emporter auec excés, & l'audace qui luy fait dire : *Qu'il luy est permis de chercher vn temperamment Catholique aux paroles de saint Augustin ?* Quel Catholique ne fremiroit à la lecture de cette estrange expression ! *Que cette foiblesse n'est pas si criminelle que Dieu ne la souffre en la personne des Auteurs qu'il inspire, & que nous appellons Canoniques . . . . & que le feu naturel de saint Paul estoit bien capable de le porter dans des expressions de cette nature.* Et qui pourroit souffrir qu'vn Iesuite ne se contentant pas d'attaquer le plus grand de tous les Docteurs ruïnast d'vn seul trait de plume l'infaillibilité des diuines Escritures, & par consequent l'autorité du Sainct Esprit mesme qui a inspiré les Apostres dont les saints Docteurs ont herité la doctrine? Mais d'autre costé quel amateur de la verité auroit jamais pû oüir sans scandale ce Iesuite, quand il a dit en vne autre de ses Predications, *Que saint Augustin estoit embarrassé & obscur en ses escrits, qu'estant vn esprit Africain, ardent & plein de chaleur, il s'estoit souuent trop emporté, estoit tombé dans l'excez, auoit passé au delà de la verité en combattant les ennemis de la Grace ; comme il arriue quelquefois qu'vn homme qui a dessein de frapper son ennemy, le frappe auec tant de violence qu'il le jette contre vn arbre, & luy donne vn contrecoup contre son intention.*

Caluin deffait par ses propres armes.
Part 3. ch. 8. p. 639.
Part. 3. ch. 7. p. 622.

Dans l'Eglise de Saint Paul, le second Dimanche de Caresme.

De ſi grands excés meritoient vn prompt chaſtiment, & ce front quoy que de bronze, deuoit eſtre mis en pieces. Tandis que ſaint Auguſtin aura des Diſciples, il aura des Deffenſeurs. La malheureuſe entrepriſe du Pere Adam, a donné heureuſement la naiſſance à vn Ouurage dans lequel on voit regner également la ſolidité de la doctrine, & la vigueur d'vn zele reglé ſelon la prudence Chreſtienne. Quoy qu'il en ſoit, ce Ieſuite que l'on auoit fait monter ſur le theatre pour joüer vn perſonnage ſi tragique, a bientoſt eſpuiſé la patience de ſes Auditeurs; Vos Peres l'ont fait diſparoiſtre, apres auoir apperceu que l'on ne pouuoit plus ſe reſoudre à le ſouffrir; & ie l'eſtime maintenant heureux ſi ſon humiliation l'a rendu humble, & s'il s'efforce d'expier loin de Paris par l'abondance de ſes larmes des fautes ſi publiques & ſi ſcandaleuſes.

Mais comme vos Ieſuites ont reconnu par leur propre confuſion, que l'on ne pouuoit dire impunément des injures à ſaint Auguſtin, dans les chaires qui ſont deſtinées à la predication de l'Euangile, apres vous auoir fait venir de la Fléche, où l'on dit que vous faiſiez la ſeconde Claſſe, ils ſe ſont ſeruis de vous pour décrier la doctrine de ce grand Saint, en feignant de n'auoir que du reſpect pour ſa perſonne, & pour le déchirer plus librement ſous le nom de ſes Diſciples. Cette commiſſion vous a paru ſi illuſtre, que vous auez creu deuoir faire quelque choſe d'extraordinaire pour n'en eſtre pas indigne. En effet, ce n'eſt point peu d'eſtre l'organe de la colere de toute vne Compagnie de trente mille hommes, & c'eſt auoir vn grand fardeau à ſoûtenir que de ſeruir de trucheman à l'animoſité publique, & particuliere de tous vos Confreres. Il ne ſuffiſoit pas meſme d'attendre la feſte de ſaint Auguſtin, ſi vous ne prepariez vos Auditeurs à quelque choſe de rare, & ſi vous ne les inuitiez dans vn de vos Sermons precedens à venir entendre de voſtre bouche, que ce Saint eſtoit à vous.

Certainement ie ne trouue pas eſtrange que l'attente d'vne ſi eſtrange noueauté ait attiré vne grande foule d'Auditeurs dans la Chappelle de voſtre Maiſon Profeſſe. C'eſtoit vne choſe bien eſtonnante & bien curieuſe, d'entendre vn Panegyrique de ſaint Auguſtin de la bouche d'vne Ieſuite. Tout le monde ſçauoit le mépris public que vous auiez fait de ce ſaint Pere, & quelques-vns meſmes n'auoient pas encore oublié l'entrepriſe ridicule que vous auiez faite de l'oſter publiquement du nombre des quatre Docteurs de l'Egliſe dans la Cour du College de Clermõt, lors que vous auiez mis ſaint Nicolas en ſa place, pour accompagner ſaint Ambroiſe, ſaint Hierôme, & ſaint Gregoire. D'ailleurs vne grande partie de vos Auditeurs auoit oüy le P. Adam durant le dernier Careſme, & particulierement au Sermon qu'il auoit fait pour expliquer l'Euangile de la Cananée. Le voiſinage de l'Egliſe de ſaint Paul, & de la Chapelle des Ieſuites de ſaint Loüis eſtoit remarquable en cette rencontre; & on vouloit voir ſi vous feriez vne retractation auſſi ſerieuſe que publique, des calomnies & des inuectiues de voſtre Confrere. Car enfin la doctrine de ſaint Auguſtin eſt veritable, ou elle ne l'eſt pas. Si elle n'eſt pas veritable, ce qui ne ſe peut dire ſans horreur, quel intereſt auez-vous de monſtrer qu'il eſt des voſtres, puis-que ce ſeroit monſtrer que la verité ne ſe rencontre point parmy vous? Et ſi elle eſt veritable, comme toute l'Egliſe le reconnoiſt, que deuiendra le Pere Adam qui s'eſt mis en peine ſi mal à propos d'y apporter vn temperament Catholique? Que deuiẽdra Molina le Prince de voſtre Secte, qui s'eſt vanté d'eſtre le premier auteur d'vne opinion inconnuë à ſaint Auguſtin, & à toute l'Antiquité? Mais quelques-vns diſoient qu'il ne vous ſeroit pas bien difficile de vous tirer d'vn pas ſi gliſſant, parce qu'eſtant encore tout plein de l'eſprit, & tout fraiſchement ſorty des exercices du College, & des eſſais de la Rhetorique, vous prendriez la Chaire de voſtre College de ſaint Loüis pour la Chaire d'vne Claſſe de la Fléche, les loüanges & le blaſme d'vne meſme choſe & d'vne meſme perſonne eſtant les ſujets ordinaires des Declamations que l'on ne meſure point par les regles exactes de la verité, mais par les efforts de l'art, & par l'induſtrie de ceux qui les entreprennent.

Ce fut ſur la fin de l'Eſté de l'année 1644. dans la Ceremonie pompeuſe que firent ces Peres en l'honneur de Monſieur le Cardinal de la Rochefoucault.

Enfin la Feſte de ſaint Auguſtin eſt arriuée, vous vous

estes veu enuironné de quantité d'Auditeurs, & apres auoir formé sur vous le signe de cette Croix dont les Pelagiens rendent inutile le saint mystere, vous auez fait sortir de vostre bouche ces eloquentes paroles: *Ie veux mal à tous les Predicateurs, qui pour loüer saint Augustin ont jusques icy employé des discours superflus, puisque la moindre page des Escrits de ce grand Homme est suffisante pour en faire le Panegyrique.* Voila certes vn commencement de Sermon bien digne d'vn Iesuite; & ie ne sçay ce qu'il faut le plus admirer dans cette entrée pompeuse, ou la magnificence du discours, ou la modestie & le jugement du P. Bernage. Souuenez-vous, s'il vous plaist, de vostre parole. Vous auiez promis vn Panegyrique de saint Augustin, & vous faites vne inuectiue contre tous les Predicateurs. *Ie veux mal* dites-vous, *à tous les Predicateurs*. Faites vn peu de reflexion sur vous-mesmes. Vous estes Chrestien, & en cette qualité, vous ne deuez vouloir mal à personne. Vous estes Prestre, & la moindre animosité est vn grand crime dans ceux qui font l'office de mediateurs entre la Majesté de Dieu, & l'infirmité des Hommes. Vous voulez faire la fonction d'vn Predicateur; & si celuy qui tient ce rang dans l'Eglise, n'est encore plus remply de charité que de science, il deuient vn preuaricateur malheureux de ce ministere tout diuin. Mais d'où vient que saint Augustin qui estoit le sujet de vostre discours, n'en a pas esté le modelle? Ne deuiez-vous pas estudier sa conduite, & vous reuestir de son esprit en publiant ses loüanges? Et dans quelle page de ses Homelies ou de ses Sermons auez-vous leu vne expression si estrange, & si indigne de la Chaire? Il s'abbaisse par son humilité profonde au dessous de ceux sur la teste desquels il est esleué par sa dignité Episcopale: & vous ne montez en Chaire que pour prononcer d'abord vne rigoureuse censure contre *tous les Predicateurs*. Cet esprit qui estoit encore plus grand & plus sublime que vous ne le sçauriez exprimer, & que tous les cantons de la terre consultoient auec respect, fait profession *d'aymer mieux apprendre des autres que de donner des instructions*; & comme s'il n'y auoit que vous au monde qui sceussiez

* Ego enim, quod confitēdum est charitati tuæ, plus

loüer les Saints de la bonne sorte, vous reprenez auec des termes d'aigreur, ceux parmy lesquels il s'en rencontre plusieurs que de plus habiles & de plus modestes que vous prendroient de bon cœur pour leurs Maistres. Cet incomparable Docteur de l'Eglise, se sert de cette regle excellente, *Que la douceur de la verité nous doit porter à nous instruire nous mesmes, & que la necessité seule de la charité, nous doit contraindre de trauailler à l'instruction des autres*; & sans qu'il y ait aucune necessité apparente de mettre tous les Predicateurs de nos jours sous vostre ferule, vous croyez que les Saints ne receuroient jamais de dignes Panegyriques, si vous n'en prescriuiez la methode. Prenez garde, P. Bernage, de ne pas vous imposer vne loy qui vous condamne, & que S. Hierôme ne parle de vos semblables, quand il dit: *Que ceux qui ont vn front à l'espreuue de la honte, entreprennent quelquefois d'expliquer ce qu'ils ignorent, & qu'ayant persuadé les autres, ils se flattent de l'opinion d'vne science qu'ils n'ont pas.*

amo discere quàm docere. *August. q. 3. ad Dulcit.*

Vt ergo discamus inuitare nos debet suauitas veritatis; vt autem doceremus, cogere necessitas charitatis. *Ibid.*

Attrita frons interpretatur sæpè quod nescit, & cùm aliis persuaserit, sibi quoq; imputat scientiam. *Hieron ep. 2. ad Nepot.*

Mais supposons, si vous le voulez, que vous ayez l'autorité toute entiere, d'instruire tous les Predicateurs; Supposons que vous ayez autant de suffisance que de hardiesse, pour vous en acquitter dignement, quoy que la sagesse n'entre jamais dans vne ame mal-vueillante. Supposons enfin que la charité qui vous presse, vous fasse prendre cette grande liberté, quoy qu'à dire le vray, la charité ne soit ny maligne, ny mal-vueillante; quelle est cette grãde faute de tous les Preditateurs, qui vous oblige de leur vouloir mal? Imaginez-vous qu'ils sont tous deuant vos pieds, & que chacun d'eux apporte à vostre Predication la docilité d'vn simple Auditeur, & la soûmission d'vn humble Disciple pour receuoir vos rares enseignemens, & vos plus seueres corrections, quel sujet de plainte vous ont-ils donné pour parler contr'eux auec tant de vehemence? *Ie veux mal, ditez-vous, à tous les Predicateurs, qui pour loüer saint Augustin ont jusqu'icy employé des discours superflus, puisque la moindre page des Escrits de ce grand Homme, est suffisante pour en faire le Panegyrique?* I'auouë que l'on ne peut mieux loüer saint Augustin que par ses propres paroles, & qu'il

In maleuolam animam nõ introibit sapientia. *Sap. 1. v. 4.*

Charitas non cogitat malum. *1. Cor. 13. v. 5.*

ne faut point chercher hors de ses Escrits les fleurs dont on luy veut composer vne couronne. Mais il n'est point vray que jusqu'icy tous les Predicateurs ayent employé des discours superflus pour trauailler à ses loüanges. Il y en a plusieurs qui ont trouué dans toutes les pages de ce grand Homme la matiere du Panegyrique qu'ils estoient obligez de luy faire; & si vous en exceptez les Iesuites & leurs Partisans, à qui sans doute vous ne voulez point de mal, je ne voy personne sur qui cette accusation puisse tomber. Tous ceux qui ont dans le cœur vn grand respect pour S. Augustin, prennent plaisir d'auoir son nom dans la bouche; comme ils s'appuyent sur ses sentimens, ils se seruent de ses riches expressions, & au lieu de debiter leurs imaginations particulieres, ils font gloire de ne rien enseigner au peuple que ce qu'ils ont appris de ce Docteur incomparable, dont ils se disent les Disciples.

Certainement, Pere Bernage, la condition des Predicateurs seroit fort à plaindre s'ils releuoient du tribunal de vostre Societé. Car s'ils alleguent souuent l'autorité de saint Augustin, vos Peres leur en feront aussi-tost vn crime, comme l'on fit il y a quelque temps à vn des plus celebres Predicateurs de Paris, à qui on fit ce reproche dans des billets, que l'on eut l'insolence de luy enuoyer jusques dans sa Chaire, comme par forme d'auis : & vous voulez maintenant du mal à ceux qui entreprennent de le loüer auec d'autres paroles que les siennes. Mais graces à Dieu, vous n'estes ny la regle de la foy, ny celle du jugement. Et comme ceux que vous flattez n'en deuiennent pas plus considerables par les éloges qu'ils reçoiuent d'vne Societé si sincere; aussi ceux que vous blâmez auec tant de malvueillance, sont toûjours ce qu'ils estoient auant l'injustice de vos plaintes, & l'aigreur de vos injures.

Si vous auez abusé de la grauité d'vn Predicateur de l'Euangile en commençant vostre Sermon par vne pensée si vaine, & des paroles si pleines d'affeterie; Ie vous loüe neantmoins de ne vous estre pas beaucoup arresté dans le dénombrement des Ouurages de saint Augustin, dont vous paroissez n'auoir pas vne fort grande connoissance.

Car

Car quoy que vous n'ayez rien dit qui ne ſoit reconnu de tout le monde, quand vous auez dit *que ſa charité a paru dans l'vn, ſon eloquence dans l'autre, ſa doctrine dans celuy-cy*, &c. Si ce n'eſt qu'il ſoit encore plus veritable de dire que ſa charité, ſon eloquence, & ſa doctrine ont parû également dans tous les liures qu'il a composez ; neantmoins vous auez eu tres-grande raiſon d'adjouſter au meſme moment *que cette mer eſtoit trop vaſte pour vous y embarquer.* En effet, nous venons d'eſtre teſmoins du naufrage que vous auez fait dés le port, & qui ſera touſiours ineuitable à vos partiſans : Car ceux qui ne prennent point la grace de IESVS-CHRIST pour leur eſtoile, & la doctrine de S. Auguſtin pour leur bouſſolle, ne peuuent attendre qu'vne nauigation tres-mal-heureuſe, & qu'vn euenement tres-funeſte.

C'eſt ce qui vous a fait exciter d'abord des tempeſtes dans leſquelles vous vous eſtes enueloppé, & le vent d'vne animoſité mortelle a briſé voſtre vaiſſeau contre vn eſcueil par ces paroles toutes pleines de ſchiſme, de ſedition, & de ſcandale. *Nous ſommes*, auez vous dit, *en vn temps où des noueaux venus, des heretiques, & des mal-heureux ſe meſlent de loüer S. Auguſtin, le citent à tout propos, diſent par tout, & en toutes les pages de leurs liures que S. Auguſtin eſt entierement pour eux; mais ces mal-heureux ſe trompent, d'autant que S. Auguſtin s'eſt touſiours ſoûmis à l'Egliſe. Mais ceux qui attaquent la chaire de S. Pierre, qui combatent les Decrets des Papes, qui publient que le Concile de Trente n'eſt qu'vne aſſemblée de Docteurs ne peuuent pas pretendre que S. Auguſtin ſoit pour eux, puis qu'ils cherchent S. Auguſtin hors de l'Egliſe, & S. Auguſtin eſt dans l'Egliſe. Mais je ne veux pas aujourd'huy faire vne ſatyre.*

Il falloit auoir vn front pareil au voſtre & tout d'airain pour n'eſtre pas couuert de confuſion en perçant la Verité ſainte de IESVS-CHRIST & ſa charité diuine par ces paroles outrageuſes, qui ſont comme autant de fleches enuenimées. Mais ſi la honte des hommes ne fait pas beaucoup d'impreſſion ſur voſtre viſage, on peut dire que la crainte des jugemens eternels fait de tres-legeres atteintes ſur voſtre cœur, puis que vous auez fait ſuiure ces grands excez d'vne inuocation à la sainte Vierge. Comme si la Mere du Diuin amour pouuoit se rendre complice d'vne fureur si inhumaine! Comme si elle pouuoit assister de ses prieres, & fauoriser de sa puissante intercession ceux qui veulent mettre en pieces la robbe precieuse de son Fils, dont celle qu'elle a tissuë de ses propres mains, n'a esté que la figure! Comme si on l'honnoroit beaucoup en blessant son Fils vnique jusque dans la prunelle de ses yeux, & en le deschirant si cruellement en la personne de tant de membres illustres de son Eglise!

Est-il possible que le Molinisme qui se décredite tous les jours, & que l'on voit tomber par terre, ait tant d'horreur des victoires de la Grace? Est-il possible que vostre secte ne pouuant plus resister à la force de la Verité, qui dissipe l'obscurité de vos nuages par la doctrine lumineuse & toute celeste de S. Augustin, il ne luy reste plus d'autres armes que la temerité & la violence des partisans qui la composent? *Dieu vous a fait la grace d'esclaircir vne verité qui vous estoit inconnuë; Il vous a fait la grace de refuter des faussetez & des erreurs dont vous estiez enuironnez; Pourquoy luy estes vous encore ingrats d'vne si grande faueur & d'vn si rare bienfait?* Comme nous ne combatons point pour nostre honneur, mais pour la gloire de la grace de IESVS-CHRIST, aussi nous ne recherchons pas vostre honte, mais la guerison de vostre aueuglement deplorable. Pourquoy donc voulez-vous rompre ce lien sacré qui nous attachera toûjours inuiolablement à l'Eglise comme à vn rocher que mille & mille tempestes ne pourront jamais esbranler? Est-ce vne heresie de vous auoir conuaincus de tant d'erreurs si grossieres, & de monstrer tous les jours que vos nouuelles clartez, dont se vantent les chefs de vostre parti, ne sont que les anciennes tenebres & les sentimens pernicieux des Semipelagiens? Est-ce vn schisme de demeurer comme nous faisons dans l'vnité de l'Eglise, de reconnoistre l'autorité sainte de cette colomne de la Verité, & la puissance sacrée de son chef visible; de prier Dieu & d'offrir tous les jours des sacrifices pour vostre Societé, & d'auoir autant de charité pour vos personnes que nous

Veritaté quæ vobis occultabatur, Deus aperire dignatus est; falsitatem quæ vobis offundebatur, Deus confutare dignatus est. Tanto ejus beneficio quare adhuc estis ingrati? *Augustin. adu. Donatistas post Collat. c. 13.*

auons d'auersion de vostre mauuaise doctrine? Meritons-nous d'estre appellez *des mal-heureux*, nous qui sommes prests de respandre jusqu'à la derniere goute de nostre sang, non seulement pour la verité de IESVS-CHRIST, mais mesme pour l'vnité de son Espouse, & pour le salut de tous ses membres ?

Mais je ne m'estonne point que traitant les anciens Peres auec vn mespris injurieux, vous soyez si esloigné de leur conduite, & que l'on ne remarque pas en vos personnes, ny la verité qui esclairoit leurs esprits, ny la charité qui brusloit au fond de leurs cœurs. Le rang que vous tenez dans l'Eglise ne vous donne point l'autorité de lancer des foudres & de prononcer des anathemes : Pourquoy donc faites vous auec tant de precipitation contre d'illustres Euesques, contre des Pasteurs venerables, contre des Docteurs celebres, contre des Religieux de sainte vie, contre toute sorte de personnes tres-considerables en pieté & en doctrine, ce que les Saints n'ont fait qu'auec vne tres-grande circonspection contre ceux mesmes qui auoient merité de seueres chastimens ? *Il faut prendre de grands soins*, disoit autrefois le grand S. Basile escriuant à vn Euesque de son siecle, *il faut auoir veillé bien des nuits, & demandé à Dieu la connoissance de la verité auec bien des larmes auant que de se diuiser de l'amitié de son frere. Car si les Iuges & les Magistrats de la terre, lors qu'ils sont obligez de condamner à la mort quelques criminels, se renferment dans des voiles, & tirent sur eux des rideaux ; s'ils prennent le conseil des personnes les plus habiles pour trauailler auec eux à l'examen du procés, & employent bien du temps à considerer tantost la seuerité de la Loy, & tantost à respecter les sentimens de la Nature qui leur est commune auec ces personnes mal-heureuses, & ayant regretté auec beaucoup de gemissemens & de soupirs la triste necessité où ils se trouuent de prononcer des Arrests, ils font bien voir à tout le monde que ce n'est pas leur propre inclination, mais la seule obligation de leur ministere qui les y engage : combien faut-il prendre plus de soin & faire vne plus ample consultation de plusieurs personnes quand il s'agit de rompre la paix & l'vnion que l'on auoit depuis long-temps auec ses freres.* Que ne diroit pas ce saint

Πολλὰ δεῖ μεμεριμνῆσθαι καὶ πολλὰς ἀγρύπνους νύκτας διενεγκεῖν, καὶ μετὰ πολλῶν δακρύων ἐκζητῆσαι τὴν ἀλήθειαν τοὺς μέλλοντας φιλίας ἀδελφοῦ διΐστασθαι· εἰ γὰρ οἱ τοῦ κόσμου ἄρχοντες, ὅταν τινὰ τῶν κακούργων θανάτῳ καταδικάζειν μέλλωσιν ἐφέλκονται τὰ παραπετάσματα, καλοῦσι δὲ τοὺς ἐμπειροτάτους πρὸς τὴν ὑπὲρ τῶν προκειμένων σκέψιν, καὶ πολὺν ἀσχολάζουσι χρόνον, νῦν μὲν τοῦ νόμου τὸ αὐστηρὸν ὁρῶντες, νῦν δὲ τὴν κοινωνίαν τῆς φύσεως δυσωπούμενοι, καὶ πολλὰ στενάξαντες, καὶ τὴν ἀνάγκην ἀπολοφυρόμενοι δῆλοι πᾶσι γίνονται πρὸς ἀνάγκην ὑπηρετοῦντες τῷ νόμῳ, οὐ κατ᾽ οἰκείαν ἡδονὴν ἐπάγοντες τὴν κατάκρισιν· πόσῳ χρὴ πλείστος σπουδῆς ἄξιον ἡγεῖσθαι καὶ μερίμνης, καὶ τῆς μετὰ πλειόνων βουλῆς, τὸ μέλλοντα φιλίας ἀδελφῶν ἀπορρήγνυσθαι, τῆς ἐν πολλῷ χρόνῳ βεβαιωτείσης, *Basil. Ep. 79. ad Eustachium Episc. Sebastiæ.*

Euesque s'il voyoit aujourd'huy des criminels accuser leurs Iuges, des personnes conuaincuës de toute sorte d'erreurs, faire passer les Prelats les plus orthodoxes pour de mal-heureux heretiques, des hommes qui ne se croyent rien moins que l'eslite des veritables Religieux, augmenter par leurs calomnies les fautes qu'ils deuroient auoir essuyées auec leurs larmes, des Apostres du nouueau monde auoir si peu de respect pour les successeurs des Apostres, & les ennemis declarez de la hierarchie & de la tradition, vouloir que leurs sentimens, quoy que contraires aux Conciles & aux Saints Peres, soient la regle de toute l'Eglise?

Car n'est-ce pas vostre pretention ridicule, quand apres auoir blasmé auec des termes odieux tous les Predicateurs qui loüent S. Augustin auec d'autres paroles que les siennes, vous accusez ses Disciples *de dire partout, & dans toutes les pages de leurs liures qu'il est pour eux?* Certes vous auez trouué vn chemin bien racourcy pour entrer sans beaucoup de peine dans la connoissance de ses sentimens, & pour decider à peu de frais toutes les questions de la Grace. Ceux qui voudront s'en instruire n'ont plus besoin d'estudier ses ouurages; Il ne faudra plus desormais qu'ils se mettent en peine de le lire auec tant d'attention, ny qu'ils joignent la ferueur de leurs prieres à l'assiduité de leurs estudes & de leurs veilles: Ce sera assez pourueu qu'ils viennent au sermon des Iesuites, & qu'ils reçoiuent comme des oracles infaillibles toutes les paroles de ces Peres. Quand ils auront dit que *S. Augustin est dans l'Eglise*, il n'y aura plus lieu de douter que S. Augustin ne soit *pour eux*, parce qu'il y a long-temps que leur Compagnie se persuade qu'elle fait elle seule toute l'Eglise, & c'est vraysemblablement ce qui fait qu'elle vange ses injures imaginaires comme si c'estoient les injures veritables de toute l'Eglise. Il est vray qu'vn raisonnement si concis n'est pas sans difficulté. Car on pourroit respondre à ces fameux Predicateurs qu'il est difficile que S. Augustin soit pour eux, à moins que de donner le démenti à Molina, qui fait vanité du contraire; & que si leur doctrine estoit celle de

S. Auguſtin, il faudroit, ſelon le P. Adam, *chercher vn temperament Catholique* à leur doctrine auſſi bien qu'à celle de cette grande lumiere de tous les Docteurs. Mais les peuples ne ſont pas aſſez reſpectueux s'ils forment des doutes; ce n'eſt pas aſſez de deferer aux ſentimens des Ieſuites ſi on ne s'y rend par l'humble ſoûmiſſion d'vne foy aueugle, & tous les raiſonnemens ſont autant de temeritez & de crimes quand ils combatent l'autorité de la moindre de leurs paroles.

En verité, P. Bernage, croyez-vous eſtre ſupportable quand vous vous joüez ainſi de l'attention de vos Auditeurs, & de la patience des hommes? Monſieur Ianſenius Eueſque d'Ipre, a examiné dans vn volume merueilleux quelle eſtoit la doctrine de S. Auguſtin touchant les matieres de la Grace; & voſtre Compagnie qui n'a pû ſouffrir la conuiction des erreurs qu'elle enſeigne auec tant d'opiniaſtreté, luy a declaré la guerre par la bouche de tous ſes Predicateurs, par la plume de tous ſes Eſcriuains, & encore plus par ſes intrigues & par ſes cabales. Enfin parce qu'il faut eſtre aueugle pour ne point voir que ce Prelat n'a rien auancé qui ne fuſt la veritable doctrine de S. Auguſtin, & que ſon ouurage & voſtre animoſité ayant porté pluſieurs perſonnes de lettres à conferer ſes ſentimens auec ceux de ce S. Pere, deſquels on s'inſtruit, graces à Dieu, plus que jamais, la conformité des dogmes du grand Eueſque d'Hippone, & du ſçauant Eueſque d'Ipre eſt reconnüe tous les jours par toutes les perſonnes non paſſionnées; Il n'eſt plus reſté au Moliniſme, qui va jetter les derniers ſoûpirs, que ce qu'il luy falloit de voix pour dire que quand meſme ce ſeroit la doctrine de S. Auguſtin, ſon autorité n'eſt pas aſſez grande dans l'Egliſe pour en faire vne deciſion; & comme ſi cette foible deffaite eſtoit effacée de toutes vos diſſertations, & ne ſe liſoit plus dans vos libelles; comme ſi on auoit oublié les excés & les outrages de vos Predicateurs qui s'en ſont ſerui auec vne ſi haute inſolence, vous vous imaginez en eſtre creu froidement ſur voſtre parole quand vous dites, *que S. Auguſtin eſt pour vous, d'autant que S. Auguſtin s'eſt touſiours soûmis à l'Eglise.* C'estoit aux pierres de vostre Chappelle que vous teniez ce discours, & non pas à vos Auditeurs, qui ne seront jamais assez simples pour se rendre à vn raisonnement si ridicule ; & n'esperez point qu'ils soient d'accord auec vous tandis que vous ne le serez pas auec vous mesme.

Mais vous auez creu que pour acquerir l'autorité d'vn Apostre, il vous suffisoit d'auoir l'asseurance d'vn horrible calomniateur; que pour deuenir la regle de la Religion & de la Foy, c'estoit assez de fouler aux pieds la charité ; que des injures atroces, prononcées dés le commencement d'vn Sermon, auec vn ton vehement, & tout extraordinaire, passeroient pour le transport d'vne ardeur toute Seraphique & toute celeste; & que l'on ne douteroit point de la verité de vostre discours quand d'abord vous auriez appellé *Nouueaux venus*, *Heretiques*, *& Mal-heureux* ceux qui ne suiuent la Tradition que dans l'esprit de l'Eglise Catholique, & dans vn assujettissement parfait à l'autorité sacrée de cette diuine Espouse de IESVS-CHRIST. Apres tout, ce langage n'est pas nouueau dans la bouche des ennemis de la Verité, & nous n'en serons pas moins Catholiques quand vous imiterez le procedé des Pelagiens. Les noms de Manicheén & de Traduci estoient les tiltres magnifiques, & les éloges illustres dont ils honnoroient saint Augustin, à cause qu'il les vouloit obliger de reconnoistre auec luy la corruption de nostre miserable nature, & la vertu victorieuse de la Grace du Sauueur. Et vous traittez d'Heretiques ceux qui suiuent ses sentimens, ou plustost les sentimens de toute l'Eglise qui a canonizé sa sainte Doctrine par l'Oracle des Conciles, & des Papes. Il ne deffendoit contre les Heretiques de son temps, que la pureté d'vne créance qui auoit coulé jusqu'à luy, comme par le canal incorruptible de la Tradition des Apostres, & des Euesques ; & vous déchirez comme des *Nouueaux-venus* ceux qui ne veulent pas embrasser des opinions que Molina, leur propre Auteur, reconnoist estre nouuelles, & inconnuës à toute la venerable Antiquité. Il est vray, Pere Bernage, que les Semipelagiens ont esté dans des sentimens pareils aux vostres il y a dé-ja plusieurs Siecles; mais l'erreur est toûjours nouuelle, parce qu'elle est toûjours contraire à l'ancienne origine de la Foy : Et Servet ne laissoit pas d'estre Nouateur, quoy que les Heresies qu'il a ressuscitées en nos jours, eussent pris naissance depuis plus de treize cens ans. Il nous sera donc toûjours permis de vous dire ce que Celestin premier disoit à ceux dont vous renouuelez les pernicieux égaremens : *Que la Noueauté cesse de blâmer l'Antiquité; que l'humeur inquiete de quelques personnes ne trouble pas dauantage le repos & la tranquillité des Eglises.* Et puis que c'est pour la cause de IESVS-CHRIST & de sa Grace, que nous souffrons vos persecutions & vos injures, nous ne sçaurions nous tenir pour *des Mal-heureux.* Car il vaut mieux nous en rapporter à l'Euangile, qui nous enseigne le contraire, & rien ne nous pourra prescrire contre ces paroles saintes de nostre adorable Sauueur : *Vous serez heureux lors que les hommes vous auront chargez de malediƈtions, qu'ils vous persecuteront, & qu'à mon occasion ils diront faussement contre vous tous les maux imaginables; réjoüissez-vous, & tressaillez d'allegresse, parce que vous aurez dans le Ciel vne tres-grande recompense.*

Desinat nouitas incessere vetustatem, desinat Ecclesiarum quietem inquietudo turbare. *Celestin. Epist. ad Episcop. Gall. pro Prossero & Hilar. c. 1.*

Beati estis cũ maledixerint vobis, & persecuti vos fuerint, & dixerint omne malum aduersum vos, mentientes, propter me, gaudete & exultate, quoniam merces vestra copiosa est in cœlis. *Matth. 5. v. 11. & 12.*

Quant à vous, Pere Bernage, vous pourriez nous dire de quelle Religion nouuelle vous faites profession, & dans quel Euangile vous auez appris à déchirer les personnes les plus innocentes, par la moins supportable de toutes les calomnies. Certainement ce n'est pas dans la doƈtrine toute celeste de IESVS dont vous affeƈtez le nom : Vous n'auez donc consulté en cette rencontre que les maximes corrompuës de vostre Morale, qui n'est appuyée que sur la passion & l'interest. Mais du moins vous deuiez expliquer plus nettement qui sont ceux *qui attaquent la Chaire de saint Pierre, qui combattent les Decrets des Papes, qui publient que le Concile de Trente n'est qu'vne Assemblée de Doƈteurs.* Car si dans le nombre des Disciples de saint Augustin il s'en trouue quelques-vns qui soient coupables de ces grands crimes, ils meritent d'attirer sur eux l'indignation generale de toutes les personnes Catholiques. Mais si vne accusation si noire n'a point d'autre fondement que la malice de ceux qui estans trop foibles pour resister à la force de la Verité, n'ont plus desormais de confiance que dans la hardiesse & le mensonge, ne faut-il pas que l'insolence du Pere Bernage soit en horreur à tout le monde, & quel supplice peut égaler le forfait enorme qu'il a commis en imposant à tant d'hommes si orthodoxes & si vertueux, des crimes abominables dont il ne peut apporter de preuues. Dites ce qui vous plaira, *comme si c'estoit pouuoir respondre quelque chose que de ne pas vouloir vous taire*; opposez à tant de conuictions continuelles tant de vieilles & de nouuelles impostures que vous voudrez; nous honnorerons toûjours le saint Siege, *comme la racine & le centre de l'Vnité de l'Eglise*; nous n'aurons jamais que de la veneration pour ses Decrets; nous honnorerons le saint Concile de Trente, comme vne diuine Assemblée à laquelle le Saint Esprit a presidé; & il n'y aura jamais que de malheureux calomniateurs qui nous imposeront le contraire. Il n'appartient qu'aux Iesuites de flatter les Papes, & d'appeller en mesme temps *Puissance estrangere*, l'Autorité toute sacrée des successeurs de saint Pierre: Il n'appartient qu'à ces Reuerends Peres, si sinceres & si justes, de pretendre que le Decret Prouisionnel d'Vrbain VIII. au sujet du Liure de Monsieur d'Ipre & de leurs Theses, soit vne condemnation de la doctrine de ce Prelat, à laquelle il n'a point touché, & n'ait aucune force contre leurs Theses de Louuain, quoy qu'il en deffende la lecture sous les mesmes peines. Enfin parce que leurs impostures demeurent sans chastiment, il leur sera toûjours permis de semer des bruits vagues & confus, pour traduire comme les Ennemis du saint Concile de Trente, ceux qui l'honnorent doublement, & par l'obligation generale que tous les Catholiques ont d'y deferer, & par le zele particulier qu'ils ont personnellement pour saint Augustin, dont cette diuine Assemblée a inseré la doctrine dans ses Canons. *Car pourquoy craindrions-nous de repeter souuent la mesme response* aux Iesuites, *puis que* les Iesuites *n'ont pas de honte de repeter si souuent, & si inutilement la mesme imposture?*

Quasi hoc sit respõdere potuisse quod sit tacere noluisse. *August. l. 4. contra Crescon. c. 38.*

Cur enim nos pigeat eadem tibi respõdere, cùm te nõ pudeat eadem toties frustra repetere. *August.*

Tremblez donc, Pere Bernage, de la grandeur de cét excés

excés, si vous n'estes point capable d'en rougir : Craignez le Tribunal si terrible de ce grand Iuge qui a le pouuoir de venger les innocens, & de punir les calomniateurs auec d'autant plus de seuerité qu'ils violent tout à la fois, & sa Verité sacrée, & sa Charité diuine. Cependant, quoy que *la calomnie trouble le Sage*, selon le langage le l'Escriture, & que selon saint Hierôme, *la patience ne soit pas de saison quand il s'agist d'Heresie*; neantmoins la necessité estroitte qui *nous oblige de repousser fortement vne imposture si horrible*, ne nous empeschera point d'auoir pour vous toute la charité que l'on peut auoir pour de mauuais Freres. Nous serons touchez de compassion pour la playe si mortelle que vous faites à vos ames. Nous prierons Dieu qu'il vous donne vn esprit capable de ses lumieres, vn cœur susceptible de son amour, & de celuy de vostre prochain, vne conduite digne du Nom que vous portez, des paroles capables d'édifier vos Auditeurs, & non pas de les destruire, ny de troubler leurs consciences: Et nous croyrons estre assez vengez quand les veritez qui vous sont si odieuses à cause de vos interests commenceront de vous estre aymables pour la gloire de celuy à qui nous deuons tant que nous sommes nous offrir en sacrifice. Mais prenez garde que nostre douceur ne vous deuienne la matiere d'vne plus grande condemnation. Car comme dit vn excellent Pere, *l'offense que l'on commet contre des fidelles qui sont insensibles à leurs injures rend coupables d'vne plus grande impieté ceux qui les outragent, & Dieu entreprend d'vne maniere tres-rigoureuse la deffense des personnes qui ne souhaittent point d'estre vengées.*

Calumnia cõturbat sapientem. *Eccles.* 7. *v.* 4.

Nolo in suspicione hęreseos quemquam esse patiẽtem. *Hieron. ep.* 61. *ad Pammach. aduers. error. Ioan. Hierosol.*

Sunt igitur sine dubio fratres quamuis non boni. *Optat. Mileuit. lib.* 1.

Majori impietate læditur qui nescit offendi, & grauiùs vindicatur à Domino qui non expetit vindicari. *Paulin. epist.* 13. *ad Seuer. Sulp.*

Prenez garde que l'opiniastreté extraordinaire auec laquelle vous soustenez vos erreurs, & les moyens si peu Chrestiens dont vous vous seruez pour opprimer les Deffenseurs des veritez qui vous choquent, ne soient dé-ja d'assez grandes punitions, & des effets tout visibles des secrets jugemens de Dieu sur toute vostre Societé, qui est tous les jours conuaincuë d'vn estrange aueuglement en mesme temps qu'elle s'efforce de paroistre si clair-voyante. Prenez-garde enfin de tomber vous-mesmes dans le precipice où conduit insensiblement la desobeïssance aux Euesques, & le mépris des puissances que IESVS-CHRIST a establies dans son Eglise. Car il n'y aura jamais rien de plus veritable que cette parole de saint Cyprien qui dit, *Que les Schismes & les Heresies ont pris naissance, & naissent encore tous les jours de ce que quelques personnes par l'esleuement superbe de la presomption qui les transporte, méprisent leur Euesque qui seul preside à son Eglise, & de ce que les Hommes estiment indigne d'vn rang si sublime celuy que Dieu mesme par vn effet de sa grace a honnoré de cette dignité sacrée.* Et cependant on sçait le respect que vous auez pour la personne & l'autorité des Prelats; tout le monde est persuadé du grand soin que vous prenez d'obseruer fidelement la discipline de leurs Dioceses; & si quelqu'vn estoit encore assez estranger au milieu de son propre païs pour n'en auoir pas appris vne infinité d'exemples dans chacune de nos Prouinces, la derniere Lettre Circulaire que le Clergé de France assemblé, vient d'en escrire à tous les Prelats du Royaume pourroit luy seruir d'instruction, & il pourroit remarquer dans cette plainte Episcopale, combien vous estes zelez pour l'interest de la Hierarchie.

Inde hæreses & schismata oborta sunt & oriuntur, dum Episcopus qui vnus est, & Ecclesiæ præest, superbâ quorumdam præsumptione cõtemnitur, & homo dignatione Dei honoratus indignus hominibus iudicatur. *Cypr. ep. 69. ad Florent. Pupianum.*

C'estoit sur vostre derniere reuolte contre Monseigneur l'Archeuesque de Sens, & contre tous les Prelats en sa personne, qu'il vous falloit faire reflexion, au lieu de nous accuser *de chercher saint Augustin hors de l'Eglise*; & si vous auiez dessein de vous donner toute sorte de licence, pour assouuir la passion qui vous aueugle, du moins vous ne deuiez pas outrager d'vn seul coup de langue tant de Conciles, de Papes, & de saints Peres, de qui nous auons appris qu'il faut estudier les Liures de saint Augustin le mystere de la Grace, & combien son autorité est considerable en cette matiere. Est-ce *le chercher hors de l'Eglise* que de le chercher comme nous faisons dans les Conciles d'Afrique, qui ont condamné l'heresie de Pelage, & de receuoir les Oracles de ces augustes Assemblées dont saint Augustin estoit l'esprit, comme le témoigne son illustre Disciple saint Prosper? Direz-vous que le second Concile d'Orenge, & le troisiéme de Valence, ayent esté tenus

Cui mens Aurelius, ingeniumque Augustinus error. *Prosper. Carm. de ingrat.*

hors de l'Eglise? C'est là que nous le cherchons, & c'est là aussi que nous trouuons la condemnation de vos erreurs, dans celle de la doctrine des Semipelagiens, dont la vostre est vne fidelle copie. Les Euesques d'Afrique estoient-ils hors de l'Eglise, ou plustost ne souffroient-ils point vn glorieux bannissement pour la cause de l'Eglise quand ils escriuirent de Sardaigne cette Lettre Synodale qui confirme les sentimens de saint Augustin, & ceux de son Disciple saint Fulgence? Les Souuerains Pontifes Innocent I. Zozime, Celestin I, saint Leon, saint Gelase, Hormisdas, Felix IV. Boniface II. Iean II. saint Gregoire, Adrien I. Clement VIII. estoient-ils hors de l'Eglise, lors qu'ils approuuoient auec eloges la doctrine de saint Augustin, ou qu'ils le consideroient comme leur Maistre? Saint Prosper, saint Fulgence, saint Isidore de Seuille, Bede le Venerable, l'Eglise de Lyon, & saint Remy son Archeuesque, saint Prudence de Troyes, saint Anselme, saint Bernard, Richard & Hugues de saint Victor, & l'Angelique saint Thomas estoient-ils hors de l'Eglise? Et puis que nous le cherchons dans les Escrits de tant de Conciles, de Papes, & de grands Saints, & que nous expliquons ses Ouurages par la chaîne precieuse de cette Tradition perpetuelle, ne faut-il pas estre le plus temeraire de tous les Iesuites du monde pour nous accuser de chercher saint Augustin hors de l'Eglise? Quelle injustice prodigieuse! Si nous ne nous informions de sa doctrine que dans les Escrits de Molina qui le foule aux pieds, ou dans ceux de Suarez, de Vasquez, de Lessius, de Gregoire de Valence qui le corrompent, ce seroit à vostre aduis chercher saint Augustin dans l'Eglise, parce que les Iesuites sont assez modestes, pour croire que toute l'Eglise sera desormais renfermée en leur personne: Mais parce que nous le cherchons dans les Conciles, dans les Papes, & les saints Peres qui le representent comme l'Oracle de tous les Fidelles dans les matieres de la Grace, *Nous sommes*, dites-vous, *des Malheureux qui nous trompons, nous ne pouuons pretendre que saint Augustin soit pour nous, puis que nous cherchons saint Augustin hors de l'Eglise, & saint Augustin est dans l'Eglise.* Ie vous prie, Pere Bernage, *si vous n'estes point capable de la salutaire pudeur des Chrestiens, du moins couurez-vous vn peu de celle des hommes*, & ne nous obligez pas de chercher saint Augustin dans les Ouurages de vos Scolastiques, puis qu'ils n'ont aucun commerce auec luy que pour l'exposer au mépris de tous les Theologiens, ou pour rendre sa doctrine méconnoissable en le faisant parler comme les Ennemis mesme qu'il a vaincus.

Paululùm saltem humani, si non Christiani pudoris assûme. *Hier. aduers. Ruffin. lib. 3. cap. 2.*

Que vous auez esté agreable quand apres auoir commis vn si grand nombre d'excés dés l'entrée de vostre Discours vous auez finy vn exorde si modeste & si Chrestien par ces beaux mots : *Mais ie ne veux pas faire aujourdhuy vne Satyre.* Que cette Rhetorique est delicate! Et que ceux qui sçauent vser de figures si ingenieuses & si subtiles ont d'insignes auantages pour dire tout ce qu'ils veulent! Quand sera-ce donc que vous ferez cette Satyre? Ne nous ferez-vous point la grace de nous aduertir du jour? Mais pourquoy vous aduisez-vous de differer plus long-temps? Est-ce que vous auez dé-ja espuisé toutes vos forces, & qu'il ne vous en reste point assez pour fournir à vne si furieuse inuectiue? Ne soyons pas trop en peine de ce delay; Nous verrons tantost que vous sçauez anticiper vos promesses; Vostre Discours est semblable au Scorpion, & renferme son principal venin dans la teste & dans la queuë. Nous pourrions mesme nous dispenser d'en examiner le corps; mais vous dites de trop bonnes choses, & vous les dites d'vne maniere trop diuertissante, pour ne pas nous relâcher vn peu auec vous.

Ie ne mets pas en ce nombre l'Histoire de Tagion Euesque de Saragosse, & cette vision celebre dans laquelle le grand Pape saint Gregoire, apres luy auoir monstré saint Pierre & saint Paul, & les Euesques du Saint Siege Apostolique qui leur auoient succedé, estant prié par ce mesme Euesque de luy faire voir saint Augustin, luy respondit qu'il estoit au dessus de tous, & si esleué dans les Cieux que leurs pensées n'y pouuoient atteindre, *Illum altior à nobis continet locus.* Car ie me garderay bien d'alleguer l'explication que donne le Cardinal Baronius, à ces dernieres

Baron. ad An. chr. 649. n. 81.

paroles qu'il ne lit pas comme vous; & ie m'abstiendray mesme de vous dire, qu'en lisant comme vous faites, on peut entendre que saint Augustin estoit demeuré dans le Ciel, & n'estoit pas descendu dans l'Eglise de saint Pierre auec les saints Papes qui se faisoient voir à cet Euesque d'Espagne: Et quoy que nous n'estimions pas que S. Augustin tienne dans le Ciel vn rang plus sublime que les deux Princes des Apostres, neantmoins ie ne veux pas insulter à vos exagerations. Il me suffit de vous dire que la prouidence de Dieu est admirable en cette rencontre, puis qu'vne histoire que les Iesuites & leurs intimes amis ont traité de ridicule, & qu'ils ont fait passer pour *vne fable*, pour *vn songe*, & pour vne *vision nocturne*, quoy qu'elle eust esté imprimée par l'ordre de Sixte V. au commencement des Morales de saint Gregoire, cette histoire, dis-je, est preschée hautement par vn Iesuite comme vne piece fort authentique, & que ces Peres & leurs partisans n'ayant point eu d'autre raison de la rebuter qu'vne consequence que l'on ne pouuoit pas en tirer raisonnablement, vn Predicateur de leur Compagnie ne la cite dans la Chaire & en vn jour concerté depuis long-temps que pour trouuer vn eloge de saint Augustin dans cette mesme consequence. Si ce n'est pas vn deffaut ou de jugement, ou de memoire, du moins c'est vne preuue toute nouuelle de la grande sincerité d'vne Compagnie qui se joüe également de l'autorité des Morts, & de la patience des Viuans, & qui n'a de l'vniformité que dans l'ardeur & la violence auec laquelle on la voit rechercher tous les jours ses auantages particuliers.

Contentons-nous de faire cette reflexion en passant, & apprestons-nous tout de nouueau à entendre des raretez inoüies. Car apres auoir donné vne assez grande estenduë à cette histoire, & vous estre vn peu arresté sur la grandeur de cet éloge donné par saint Gregoire à saint Augustin, vous auez dit *que ce n'estoit pourtant que le crayon, le premier traict du pinceau, & le fondement de l'edifice.* En suite d'vne promesse si pompeuse & si magnifique, il ne faut attendre d'vn Peintre si excellent qu'vn Tableau dont le chef-d'œuure doit effacer tout ce que l'Antiquité a jamais veu de precieux & d'incomparable en matiere d'éloquence dans les plus parfaits Originaux; & puis que le coloris du Ciel, & l'éclat des plus brillantes visions ne vous a seruy que de charbon pour ébaucher vne piece si acheuée, vous auez sans doute dans l'esprit des Idées qui ne tomberent jamais dans celuy du commun des hommes.

A la bonne heure donc de ce que vous estes arriué à la diuision de vostre Discours, & ne trouuez pas mauuais si quelques-vns de vos Auditeurs considerans en vostre personne la qualité d'vn Regent nouuellement sorty de la Fléche ont pû se dire à eux-mesmes par vn langage interieur ce Vers d'vn de vos Poëtes qu'ils auoient autrefois appris auparauant qu'ils eussent quitté le Parnasse pour le Caluaire :

Quid dignum tanto feret hic promissor hiatu?

Mais je n'aurois pas tenu pour grands Prophetes, ceux qui auroient predit par le Vers suiuant, le succés de vostre Discours.

Parturient montes, nascetur ridiculus mus.

En effet apres cette grande suspension de lesprit de vos Auditeurs, apres les auoir fait languir dans l'attente d'vne piece qui deuoit seruir de modelle à tous les Predicateurs de nos jours & dont la posterité deuoit tirer mille copies, vous auez entrepris dans le premier Poinct de *faire voir la necessité que sainct Augustin auoit apportée, & comme il s'estoit* RETRANCHÉ DANS TOVS SES FORTS CONTRE LA GRACE; *combien de fois il s'estoit* GABIONNÉ, FRAIZÉ, PALLISSADÉ, *afin de releuer la victoire par l'opiniastreté du combat.* A n'en point mentir, Pere Bernage, si les plus excellens tableaux sont ceux qui surprennent dauantage, vous estes vn Peintre miraculeux; car ie n'eusse jamais attendu cela d'vn Iesuite qui auoit dit au commencement de son Sermon, *Ie veux du mal à tous les Predicateurs qui pour loüer sainct Augustin ont jusqu'icy employé des Discours superflus, puis que la moindre page des Escrits de ce grand Homme est suffisante pour en faire le Panegyrique.* En vous entendant parler ainsi ie disois d'abord comme saint Hierôme lors qu'il écriuoit contre le Precurseur de Pelage, *Peut-estre que cet Homme a appris en fort peu de temps ce qu'il croit estre obligé de nous enseigner, & la naissance inopinée de ce grand fleuue d'Eloquence, nous va découurir des choses dont personne ne s'imaginoit qu'il eust aucune connoissance.* Ie ne me figurois rien moins que de voir tous les Volumes de saint Augustin renfermez dans vn seul Sermon, & parce que la matiere en est si ample, & si presente d'elle-mesme à ceux qui veulent puiser dans vne source si feconde, ie reseruois mon admiration pour la structure, & la forme du Discours. Ie n'eusse pas esté surpris de voir quantité de perles & de pierreries; mais l'industrie du Brodeur eust fait mon estonnement, & c'estoit la difficulté de les mettre en œuure. Mais quand i'ay veu que vous estiez mesme du nombre de ceux à qui vous vouliez du mal, & qu'au lieu de loüer saint Augustin par les paroles mesmes de saint Augustin vous n'en disiez pas vn mot, & ne parliez que *de retranchemens, de forts, de gabions, de fraises, & de pallissades*, I'ay laissé rire les autres, & i'ay esté touché d'vne sensible douleur de voir vn si grand aueuglement dans vne si grande hardiesse. Quoy donc? N'y auoit-il pas assez de matiere dans les Liures des Confessions de saint Augustin pour representer & l'horreur de son peché, & la sainteté de sa penitence, pour faire voir la misere de sa seruitude, & le bon-heur de sa liberté, pour apprendre à tous les Fidelles par vn exemple si illustre le neant de nostre nature abandonnée à sa foiblesse, & la toute-puissance de la Grace victorieuse qui nous donne des forces en nous surmontant, & ce combat qui s'est passé dans le cœur de ce saint Docteur auparauant sa parfaite deliurance ne pouuoit-il s'exprimer que par des termes qui sont propres veritablement dans leur sens naturel, mais qui de tous les termes du monde ont peut-estre le moins de disposition à estre employez en metaphores pour exprimer des choses graues & importantes? Si c'est *employer des discours superflus* que de loüer saint Augustin autrement par les Escrits de ce grand Homme, en quel endroit de ses Escrits exprime-t'il l'opiniastreté d'vn

Fortasse breui tempore didicit quod nos docere debeat, & quod illum scire nullus putabat, subitum eloquētię flumen ostenderet. *Hieron. l. 1. aduers. Ruf. c. 1.*

pecheur par des gabions, des fraises, & des pallissades? Mais sans vous mettre nullement en peine de ce que vous auiez promis, vous auez creu qu'il estoit important de faire sçauoir à vostre Auditoire que vous connoissiez parfaitement les termes des fortifications, & le langage de la Milice, & qu'vne Societé guerriere comme la vostre deuoit auoir des expressions conuenables à son esprit. Pour moy ie laisse à juger aux autres si des mots qui font degenerer les choses serieuses en ridicules quand on les employe hors de leur lieu sont fort aduantageuses à l'éloquence; car s'il ne s'agissoit que d'éloquence, ie n'aurois rien eu à démesler auec vous, & ce que ie puis vous dire sur ce sujet, c'est que comme *ie sçay* d'vne part auec saint Hierôme, *que parmy les Chrestiens on n'a pas coustume de reprendre les fautes des mots*, aussi d'autre costé ie me contente de vous respondre auec saint Augustin, *que ce qui se dit d'vne maniere impertinente & badine, n'a nullement à mon oreille le son d'vne expression eloquente.*

Scio inter Christianos verborum vitia non solere reprehendi. *Hieron. l.2. adu. Ruffin. c. 2.*

Nullomodo mihi sonat disertè quod dicitur ineptè. *August. l.2. contra litt. Petil. c.31.*

Vostre mauuaise foy me touche tout autrement, & vous n'eussiez pas manqué à vostre parole si vous ne taschiez de fuir S. Augustin qui vous condamne par la peinture mesme qu'il fait de son peché, & de sa conuersion. Vous auez fuy comme vn escueil ce port salutaire de la Grace, & vous n'auez pas apprehendé le naufrage en suiuant vos propres inuentions. Ce grand Saint en se confessant à Dieu a voulu instruire les hommes, & grauer au fonds de leurs cœurs les sentimens de cette ardente pieté dont le sien a esté deuoré par la vertu toute celeste de la Grace. Son ame a esté vne fournaise diuine, & il en a fait rejallir les estincelles dans chacune des lignes de cét ouurage qui est tout à la fois le triomphe de l'humilité Chrestienne sur l'orgueil humain, & celuy de la Sagesse sacrée sur la Philosophie & l'eloquence mondaine, sa conuersion a esté vn portrait viuant de cette efficace incomprehensible auec laquelle la Grace du Sauueur opere dans les cœurs les plus rebelles; & le liure de ses Confessions est vn tableau qui parle diuinement de ce mystere adorable. Aussi quelques loüanges qu'il ait receuës des plus illustres personna-

ges

ges de son siecle. Il ne veut estre examiné que dans la glace si pure de ce fidelle miroir; & le Comte Darius qui luy auoit donné des eloges magnifiques, en luy tesmoignant la passion qu'il auoit *de voir son visage veritablement celeste, & d'entendre cette voix diuine qui chantoit les choses de Dieu*, en receut cette responſe. *Receuez, mon fils, receuez grand homme de bien, & qui n'estes pas seulement Chrestien au dehors & selon la surface exterieure, mais par vne charité Chrestienne; receuez, dis-je, les liures de mes Confessions que vous auez desirez, regardez moy dans cét ouurage, & ne me loüez point au de-là de ce que je suis. Apprenez de-là à ne pas croire les autres lors qu'il s'agit de ma personne, mais à m'en croire moy-mesme. Considerez-moy dans cét Escrit, & voyez ce que j'ay esté autrefois en moy-mesme par moy-mesme; & si quelque chose vous agrée en moy, loüez auec moy au milieu de cette lecture celuy que j'ay eu dessein que l'on loüast à mon occasion; car à Dieu ne plaise que j'y aye cherché mes propres loüanges, puis que c'est luy qui nous a faits, & nous ne nous sommes point faits nous mesmes; mais apres que nous nous sommes perdus nous mesmes, celuy qui nous a faits la premiere fois a esté le reparateur de son ouurage. Et quand vous m'aurez trouué dans ces liures, priez Dieu pour moy que je ne tombe pas dans la defaillance, mais plustost que j'arriue enfin à la perfection. Oüy, priez mon fils, priez Dieu pour moy.*

Si mihi datũ esset præsenti intueri tuos veri sideræos vultus, vocẽque diuinam, ac diuina canentem .... sumere & haurire licuisset. *Darius Epist. 263. Inter Epist. Aug.*

Sume itaque, mi fili, sume vir bone, & non in superficie, sed charitate Christiane, sume, inquam, libros quos desiderasti Confessionum mearum, ibi me inspice, ne me laudes vltrà quam sum; ibi non aliis de me crede, sed mihi; ibi me attende, & vide quid fuerim. In meipso per meipsum, vt si quid in me tibi placuerit, lauda ibi mecum, quem laudari volui de me neque enim me quoniam ipse fecit nos & non ipsi nos, nos autẽ perdideramus nos, sed qui fecit, refecit cùm autem ibi me inueneris, ora pro me nè deficiam, sed perficiar, ora, fili, ora. *Aug. Ep. 264. ad Dar.*

Si vous vouliez faire le Tableau de S. Augustin pecheur sans vous seruir d'autres paroles que des siennes, vous pouuiez trouuer dans ses liures excellens l'image funeste d'vn esprit qui cherche la verité auec vne grande passion, mais qui ne la recherchant que par sa propre conduite, & par la temerité de ses forces naturelles ne se deliure d'vne erreur que par vn second égarement, & ne sort d'vn precipice que pour tomber auec plus de pesanteur dans vn autre abysme. Que si vous auiez dessein d'exprimer la resistance que la cupidité apporte à la Grace dans vne ame qui commence à auoir quelque lumiere d'vn bien qui luy auoit esté inconnu, & quelque foible affection d'vne vertu qui luy auoit tousiours esté odieuse, mais que la tyrannie de l'habitude fait retomber dans le vice par son propre poids; où pouuiez vous esperer vne plus belle description de ce pitoyable estat que dans ces paroles qui ont esté si eloquemment renduës en nostre langue dans la derniere Traduction des Confessions de S. Augustin ? *Ie soûpirois, mon Dieu, apres cette liberté de ne penser plus qu'à vous: mais je soûpirois estant encore attaché, non par des fers estrangers, mais par ma propre volonté qui estoit plus dure que le fer, le Demon la tenoit en sa puissance; il en auoit fait vne chaisne; & il m'en auoit lié. Car en se desreglant dans la volonté on s'engage dans la passion; en s'abandonnant à la passion, on s'engage dans l'habitude, & en ne resistant pas à l'habitude, on s'engage à la necessité de demeurer dans le vice. Ainsi cette suite de corruptions & de desordres, comme autant d'anneaux enlassez les vns dans les autres, formoit cette chaisne auec laquelle mon ennemi me tenoit captif dans vne cruelle seruitude. I'auois bien vne volonté de vous seruir auec vn amour tout pur, & de joüir de vous, mon Dieu, en qui seul se trouue vne joye solide & veritable: Mais cette volonté nouuelle qui ne faisoit que de naistre n'estoit pas capable de vaincre l'autre qui s'estoit fortifiée par vne longue habitude dans le mal. Ainsi j'auois deux volontez, l'vne ancienne & l'autre nouuelle, l'vne charnelle & l'autre spirituelle, qui se combatoient, & en se combatant deschiroient mon ame.* Auez-vous creu mieux reüssir en parlant *de gabions, de fraises, & de palissades* pour descrire la resistance de la volonté de S. Augustin, quand elle ne joüissoit pas encore d'vne parfaite guerison, qu'en nous rapportant naïuement des paroles si lumineuses & si enflammées, qui nous découurent admirablement la naissance & le progrés de la Grace dans la justification d'vn pecheur inueteré ? Quand vous auriez encore adjousté à ces termes militaires ceux *de parapet & de contr'escarpe*, au lieu de cela n'eussiez-vous pas beaucoup mieux fait de dire apres S. Augustin, *qu'en cét estat, comme il arriue dans les songes, il sentoit que le fardeau du siecle l'accabloit agreablement, & que les pensées qu'il auoit pour Dieu estoient semblables aux efforts de ceux qui desirant de s'esueiller sont surmontez par le sommeil & retombent dans l'assoupissement.*

Cui rei ego suspirabam ligatus non ferro alieno, sed meâ ferreâ voluntate. Velle meum tenebat inimicus, & inde mihi catenam fecerat, & constrinxerat me. quippe ex voluntate peruersa, facta est libido: & dum seruitur libidini, facta est consuetudo, & dum consuetudini non resistitur, facta est necessitas. Quibus quasi annullis quibusdam sibimet innexis (inde catenam appellaui) tenebat me obstrictum dura seruitus. Voluntas autem noua, quæ mihi esse cœperat, vt te gratis colerem, fruique te vellem, Deus sola certa jucunditas, nondũ erat idonea ad superandam priorem vetustate roboratam. Ita duæ voluntates meæ, vna vetus, alia noua, illa carnalis illa spiritualis, cõfligebant inter se, atque discordando dissipabãt animam meam. *Aug. l. 8. Confess. c. 5.*

Ita sarcinâ sæculi, velut somno assolet, dulciter premebar, & cogitationes quibus meditabar in te, similes erant conatibus expergisci volentium, qui tamen superati soporis altitudine remergũtur. *Ibid.*

Mais vous estes de ceux qui ayment mieux dire des choses nouuelles que d'en dire de solides, & c'est par cét vnique motif que vous auez continué vostre pointe en faisant voir *que les vices de S. Augustin estoient comme l'amas de tout ce qui auoit esté respandu dans tous les pecheurs ; que la Magdelaine n'auoit eu qu'vn des vices de ce S. Pere, Zachée vn autre, le bon Larron vn autre ; aussi n'auoit-il fallu qu'vn mot pour conuertir tous ceux-là ; & que vous ne sçauiez pas mesme si le bon Larron auoit eu vn regard de* IESVS-CHRIST ; *mais que comme tous ces vices auoient fait vn gros d'armée, le combat y auoit esté bien plus rude & de plus longue durée ; que la Grace apres auoir gaigné les dehors, apres auoir enfoncé l'entendement, n'auoit fait que l'esbranler, & qu'enfin S. Augustin ne se rendit qu'apres que la volonté eust aussi esté enfoncée.*

Vous nous dites bien des choses à la fois, & cette traisnée de paroles merite quantité d'obseruations. Car premierement la distribution que vous faites des vices de ce S. Pere n'est point la chose du monde la plus intelligible, & la plus judicieuse ; & s'il n'y a point beaucoup d'apparence de luy donner vn des vices du bon Larron, parce qu'il s'accuse par vne humilité veritablement Chrestienne d'auoir vollé dans sa jeunesse quelques poires de son voisin, sans chercher d'autre satisfaction dans ce vol que celle de faire du mal ; Il est aussi assez mal-aisé de conceuoir ce qu'il a de commun auec Zachée, n'ayant jamais esté Publicain, ny mesme fort attaché à l'argent durant les plus grands desreglemens de sa vie. C'eust esté tout dire en deux mots que d'attribuer à S. Augustin les vices les plus spirituels, & les pechez les plus honteux ; qu'il falloit que sa vanité eust esté bien grande, puis que l'heresie en auoit esté le chastiment d'vne part, & l'impureté d'vne autre ; & que la Iustice de Dieu auoit éclatté visiblement dans son supplice, puis que le plus grand esprit de la terre auoit esté si long-temps enseueli dans la plus basse & la plus ridicule de toutes les heresies du monde.

Mais ce qui me paroist tout autrement considerable, c'est que selon vostre maniere de parler, il semble que la conuersion de S. Augustin ait esté plus difficile à l'égard de Dieu que celle de la Magdelaine, de Zachée & du bon Larron, & qu'il ait fait par quelque sorte d'impuissance ce qu'il n'a fait que par vne conduite miraculeuse de sa Grace. *Il faut vous pardonner,* P. Bernage, *si en qualité d'homme vous vous trompez dans vne chose qui est extremement cachée. Il ne sera jamais dit qu'vn homme empesche la volonté d'vn Dieu qui peut tout, & qui sçait tout. C'est faire peu de reflexion sur vne matiere si releuée, & se representer bien indignement vn si grand mystere que de croire, qu'vn Dieu tout-puissant veut quelque chose, & qu'il ne la peut executer, parce qu'vn homme infirme l'en empesche. Il est donc indubitable que nulles volontez humaines ne peuuent resister à la volonté de Dieu qui a fait tout ce qu'il a voulu dans le ciel & sur la terre, & qui a desia fait mesme les choses qui sont encore à venir; n'y ayant aucune apparence que les volontez des hommes l'empeschent de faire ce qu'il veut, puis qu'il fait d'elles mesmes ce qu'il veut.* Si donc S. Augustin a enfanté sa nouuelle vie, & medité sa conuersion durant des années toutes entieres, quoy que le bon Larron ait esté conuerti en vn moment, ce n'est point que Dieu qui a fait cooperer cét infame criminel, ait esté plus foible pour vaincre la resistance de l'vn que pour amollir la dureté de l'autre; mais c'est que par vn secret admirable, dont il est le souuerain Dispensateur, il a versé tout d'vn coup dans le cœur de ce brigand les lumieres pures d'vne foy viue, & les flammes d'vne charité parfaite, & que n'ayant fait arriuer S. Augustin à la connoissance de la veritable Religion que par vne triste experience & par vn desgoust salutaire de toutes les Sectes, il n'a formé dans son ame la perfection du diuin amour que par vne lente & tardiue destruction de l'amour du monde. En l'vn il a voulu faire voir que comme il est le Maistre absolu des operations surnaturelles, il n'a pas besoin de succession de temps pour changer en de grands Saints les plus abominables pecheurs: En l'autre il a eu dessein de faire aduoüer à tous les hommes combien leur miserable nature est impuissante sans le secours de la Grace, puis que le plus grand esprit de son siecle n'est entré dans la connoissance de la verité qu'apres vne longue suitte d'erreurs, & apres mesme l'auoir connuë n'a commencé de l'aimer fortement qu'au moment que sa charité commençant de predominer à la concupiscence dont il auoit esté l'esclaue a rompu tous

Ignoscendum est, quia in te multùm abdita vt homo falleris. Absit vt impediatur ab homine omnipotentis, & cuncta scientis intentio. Parum de re tanta cogitant, vel ei excogitandæ non sufficiunt qui putant Deum omnipotentem aliquid velle, & homine infirmo impediente non posse. *Aug. l. 1. oper. imperfecti aduers. Iul. Pelag. c. 93.*

Non est itaque dubitãdum, voluntati Dei, qui in cœlo & in terra omnia quæcũque voluit fecit, & qui etiam illa quę futura sunt, fecit, humanas voluntates non posse resistere, quominus faciat ipse quod vult, quandoquidem de ipsis hominum voluntatibus, quod vult, cùm vult facit. *Id. l. de corrept. & grat.*

ses liens & brisé toutes ses chaisnes. En l'vn Dieu a eu plûtost dessein d'operer vn grand miracle que de laisser vn exemple; & de retirer les plus grands pecheurs de la tentation du desespoir, que de donner de la confiance à ceux qui irritant sa Iustice, abusent de l'esperance de sa diuine misericorde: En l'autre il nous a laissé vn monument eternel de la difficulté d'vne parfaite conuersion dans les regles ordinaires de sa conduite. Mais soit que l'on se conuertisse en vn instant, comme il est arriué dans cette occasion si rare, soit que la dureté du cœur ne s'amolisse que dans la suitte des années, on se conuertit quand on a vne pleine volonté d'estre à Dieu, & il donne cette volonté à ceux qu'il luy plaist, & quand il luy plaist. Le bon Larron qui auoit receu en vn moment vn si grand bien-fait, fit vne confession publique de l'enormité de son crime, & de la majesté d'vn Dieu qu'il voyoit souffrir injustement, & il ne fut pas moins le modelle d'vne viue foy que l'exemple d'vne parfaite penitence. Ne soyez pas en peine *s'il a eu vn des regards de* IESVS-CHRIST, il n'est point necessaire qu'il l'ait enuisagé des yeux du corps, quoy que nostre diuin Maistre se soit quelquefois serui de ses œillades, ou pour changer les Publicains en Apostres, ou pour faire vn Penitent d'vn Apostre qui venoit d'estre parjure. Mais si le Sauueur des hommes n'auoit jetté de toute eternité les yeux de sa misericorde sur ce Larron, ce sang precieux qu'il voyoit respandre en sa presence luy auroit esté inutile. Mais outre que la patience du Sauueur estoit vne predication assez forte pour conuaincre de sa Diuinité ceux à qui il auoit donné des oreilles interieures, il suffisoit qu'il l'eust compris dans cette priere si efficace qu'il addressa au Pere Eternel auec vn grand cry, & qui obtint à l'heure mesme le salut de tous les Predestinez, quand il prononça hautement ces adorables paroles; *Mon Pere, remettez leur cette offense, car ils ne sçauent ce qu'ils font.* En mesme temps que IESVS-CHRIST ouurit la bouche pour enfanter le salut de tous les Esleus qu'il portoit dans ses entrailles, cét heureux brigand ouurit les yeux de son ame pour conceuoir les plus hauts mysteres de nostre Re-

Non tam exemplum quàm miraculum. *Bernard Ep. 8. ad Brunonem Colon. Elect.*

Pater, dimitte illis: non enim sciunt quid faciunt. *Luc. 23. v. 34.*

ligion, & la bouche pour demander part au Royaume de celuy qui alloit expirer sous la figure d'vn criminel. *Car il reconnut bien*, dit S. Ambroise, *qu'il estoit couuert de ces playes pour des pechez estrangers, & il fut persuadé que ces blesseures dont le corps de* IESVS-CHRIST *estoit couuert n'estoient pas les blesseures de* IESVS-CHRIST, *mais du Larron mesme qui les regardoit, & il commença de l'aymer dauantage depuis qu'il eut veu les impressions de ses propres playes sur son corps.* Cette foy parfaite qui sera loüée à jamais dans l'Eglise, fut accompagnée d'vne charité qui estoit desia parfaite dés le point de sa naissance, & sans vser de deliberation il ayma genereusement, parce qu'il auoit esté preuenu par l'efficace d'vn parfait amour.

Intellexit enim quòd pro alienis peccatis has ille plagas susciperet; & sciuit quod illa in corpore Christi vulnera, non essent Christi vulnera, sed latronis: atque ideò plus amare cœpit, postquàm in corpore ejus sua vulnera recognouit. *Ambros. serm.* 49.

La Prouidence de Dieu a obserué vne autre conduite dans la Iustification de S. Augustin. Car au lieu de remarquer ses playes sur le corps de son Sauueur, il ne connoissoit d'abord, ny son Sauueur, ny ses propres playes qui luy estoient si agreables que la guerison luy en eust esté odieuse; & quand l'inquietude de sa conscience, & les tourmens sensibles qu'il trouuoit dans les plus molles voluptez, furent accompagnez de quelque rayon de lumiere, & de quelque affection pour celuy qui seul estoit capable de rassasier vn cœur aussi vaste que le sien, il esprouua en soy-mesme vn combat de deux volontez, dont la nouuelle n'estoit pas encore assez forte pour destruire l'ancienne qui auoit desia vsurpé vne puissance tyrannique par la force de l'habitude. Mais quand il eust noyé toutes ces difficultez charnelles dans vn heureux torrent de larmes que le S. Esprit fit rejallir de ses yeux & de son cœur, alors la concupiscence ne luy resista plus que foiblement, & la Grace en fut victorieuse à vn point *qu'il trouua tout d'vn coup des plaisirs extrémes à renoncer aux vains amusemens du monde, & qu'il ressentit vn excés de joye à quitter ce qu'il auoit tant apprehendé de perdre.* N'eussiez-vous pas beaucoup mieux fait de tenir vostre parole & de loüer S. Augustin par les pensées de S. Augustin mesme, qui sont si auantageuses pour exprimer vn mystere si profond, que de couurir vostre Molinisme *de fraizes, de gabions, & de*

Quàm suaue mihi subitò factum est carere suauitatibus nugarum, & quas amittere metus fuerat, jam dimittere gaudium erat. *Aug. l. 9. Confess. c. 1.*

palissades, pour donner vne double atteinte à la doctrine de la Grace, en faisant voir que l'homme est tousiours le maistre absolu de son salut, & à celle de la Penitence en parlant de la resistance de S. Augustin comme d'vne chose fort extraordinaire, & en faisant passer la conuersion de la Magdelaine & du bon Larron pour des exemples fort frequents dans la Morale?

Mais il est temps d'examiner vostre second point dans lequel vous auez entrepris de faire voir *les belles despoüilles que la Grace a remportées par cette victoire, puis qu'elle a donné à l'Eglise le Docteur le plus sublime, & dont l'esprit a sans controuerse surpassé tout ce qu'il y a de plus esleué dans la nature.* Cette violence secrette que la verité exerce jusques sur ses plus grands ennemis, vous a obligé de dire en cette rencontre *que S. Thomas faisoit gloire de le reconnoistre pour son Maistre, que toute l'Escole donnoit l'exclusiue à Platon pour Aristote, & que S. Augustin auoit eu l'esprit au dessus de celuy d'Aristote; qu'Aristote estoit souuent si obscur, & si embarrassé qu'on ne sçauoit où il alloit, & que l'on luy faisoit dire beaucoup de choses ausquelles il n'auoit jamais pensé, mais que la netteté de S. Augustin estoit merueilleuse, & qu'à l'âge de vingt ans il auoit* COMMENTÉ *les Categories d'Aristote.* Ie ne sçay, Pere Bernage, dans quelle Bibliotheque vous auez veu ce Commentaire pretendu, ou dans quel auteur inconnu jusqu'à present à tout le monde, vous auez leu que S. Augustin en eût composé vn de cette nature. Mais je sçay bien que S. Augustin n'en fait mention en nul endroit de ses Escrits, & qu'il dit seulement dans vn des liures de ses Confessions que les Categories de ce Philosophe luy estant *tombées entre les mains, il les leut seul & les entendit; de sorte qu'en ayant conferé depuis auec ceux qui disoient auoir appris ce liure d'excellens maistres qui le leur auoient expliqué, non seulement de viue voix, mais aussi par des figures qu'ils en auoient tracées sur le sable, ils ne luy en purent dire dauantage que ce qu'il en auoit appris de luy mesme en le lisant en particulier.* Voila l'exacte connoissance que vous auez des choses les plus communes, & comme vous adjoustez au Texte de S. Augustin des Commentaires de vostre façon, estant assez in-

Aug. l. 4. Confess. c. vlt.

conceuable que vous vous soyez engagé à ne le loüer que par ses paroles, & que n'en ayant allegué qu'vne seule dans toute l'estenduë de vostre discours vous ne l'ayez pû faire sans la desguiser & la corrompre.

Mais où estoit le Pere Adam lors que la force inuisible de la Verité vous faisoit loüer la netteté de l'esprit de saint Augustin que l'on ne sçauroit jamais assez admirer? Par quelle grace de vostre judicieuse Compagnie ce Iesuite auoit-il esté dispésé d'assister à sa Retractation, & de paroistre à vostre Sermon comme vn homme qui faisoit amende honorable par vostre bouche? Quelle confusion eût-il receu de voir destruire par vn de ses propres Confreres, ce qu'il a escrit, *Que les Liures de ce Saint & sçauant Docteur, sont couuerts de tenebres & de nuages, comme il a esté obserué par des Theologiens tres-celebres*; c'est à dire par Molina. Comment s'accorde ce que vous auez dit à la recommandation de la clarté de cet Eprit miraculeux, auec ce qu'vn Iesuite si modeste & si retenu a eu la hardiesse d'écrire, *Que sa doctrine est tres-embarassée, puis qu'il n'y en a point qui le soit dauantage que celle qui en apparence se combat elle-mesme?* Mais quelle estoit alors la contenance de tous vos Peres, & ne déchiriez-vous point leurs oreilles quand vous parliez de l'obscurité d'Aristote, qu'ils ne se contentent point de considerer comme vn Philosophe qui a eu de grandes lumieres naturelles, mais qu'ils veulent rendre si souuent l'Arbitre de la Morale Chrestienne, & le juge de toutes les matieres de nostre Religion, en luy faisant mesme dire ce qui ne luy est jamais tombé dans la pensée? Pleust à Dieu que vos Escriuains eussent esté persuadez de la Verité de cet éloge que vous auez donné à cet imcomparable Docteur de la Grace; Ce seul principe vous auroit garentis d'vne infinité de conclusions pernicieuses; Vous auriez donné de justes bornes à l'autorité des Philosophes qui sont les Ennemis du scandale de la Croix; & au lieu d'affecter la vaine sagesse du Monde, vous auriez fait gloire de la sainte & clair-voyante folie de nostre Religion. *Il faut nous estudier*, dit saint Ambroise, *à deuenir foux selon le Monde, nous n'auons rien de commun auec la Philosophie, de peur qu'elle*

Troisiéme partie ch. 6. p. 614.

Là mesme.

Elaborandum est vt in hoc sæculo stulti simus; nihil nobis cum Philosophia, ne fidem *qu'elle ne se serue des elemens de ce Monde pour nous destourner de la Verité, & prenons bien garde que personne ne nous rauisse nostre créance par le moyen de la Philosophie humaine.* Car *c'est ainsi que nous sçauons que les Ariens sont tombez dans la perfidie, ayant creu qu'il falloit raisonner de la generation de* IESVS-CHRIST *selon l'vsage ordinaire de ce monde. Ils ont abandonné l'Apostre pour suiure Aristote. Ils ont abandonné cette Sagesse diuine, & ont choisy les pieges de la dispute, & les filets des paroles selon les regles de la Dialectique, quoy que l'Apostre crie hautement, Que personne ne vous rauisse par la Philosophie & la vaine seduction, selon les traditions des hommes, selon les elemens de ce monde, & non point selon* IESVS-CHRIST. Mais si jamais les Philosophes ont merité le nom de *Patriarches des Heretiques* que Tertullien leur a donné, c'est particulierement dans la matiere de la Grace, qu'ils en ont esté les Precurseurs, & Pelage n'a rien dit, soit pour la perfection de la Iustice, soit contre le peché Originel que par vne malheureuse preoccupation qu'il auoit des Maximes de la Philosophie du Monde. L'orgueil que luy auoient inspiré ces Sages du siecle l'empeschoit de voir les playes profondes d'vne liberté dont les forces sont deuenues si foibles depuis le peché du premier Homme ; & il aymoit mieux destourner auec violence le sens des paroles de l'Apostre qui exprime si nettement nostre cheute que de se dégager des préjugez des Stoïques, & des Peripateticiens. L'esprit du Maistre est passé dans les Disciples, & saint Augustin apres auoir reproché à Iulien qu'il a voulu chercher des nuages dans les categories d'Aristote pour tromper les simples & les ignorans, adjoûte ces paroles remarquables, *Vostre Heresie est reduite à cette extremité, que vos Sectateurs déplorent auec gemissement qu'il ne se trouue point dans l'Eglise des Iuges Dialecticiens tirez des Escoles des Peripateticiens & des Stoïques pour pouuoir vous absoudre de vos erreurs.* Ne sçait-on point, Pere Bernage, que ce mesme attachement que vous auez aux opinions des Philosophes vous a precipité dans le piege qu'ils ont tendu aux esprits superbes, *& qu'en combatant contre la Grace, vous ne deffendez point le libre arbitre par vos discours, mais que vous*

nostram per elementa mundi huius traducat à vero, ne quis assertionem nostram per Philosophiam deprędetur. Sic enim Arianos in perfidiã ruisse cognouimus, dum Christi generationem putant vsu huius sæculi colligẽdã. Reliquerunt Apostolum, sequuntur Aristotelem. Reliquerunt sapientiã quæ apud Deũ est, elegerunt disputationis tendiculas, & aucupia verborum secũdum Dialecticæ disciplinam cùm clamet Apostolus ; Ne quis vos deprædetur per Philosophiam, & inanem seductionem, secundum traditiones hominum, secundum elementa huius mundi, & non secundum Christum. *Ambros. in Ps. 118. Octonar. 22.*

Cum Philosophis Patriarchis, vt ita dixerim, hæreticorum. *Tertull. de Anima, cap. 2.*

Hæreticorum Patriarchæ Philosophi. *Id. aduers. Hermog. c. 6.*

Ad hoc redacta est hæresis vestra, vt gemant sectatores vestri non inueniri Dialecticos iudices in Ecclesia de scholis Peripateticorũ siue Stoïcorum, à quibus possitis absolui. *Aug. l. 6. cont. Iul. c. 20.*

Contra istam Gratiam gentis bellum, vt liberum non sermone de-

le seduisez par vostre presomption. Prenez donc garde qu'en preferant saint Augustin à Aristote, Dieu ne se soit seruy de vostre bouche pour prononcer la condemnation de vostre doctrine.

fendatis, sed præsumptione decipiatis voluntatis arbitrium. *Id. l.2. Oper. imperf.c.165.*

Qu'il soit loüé de ce que vous n'auez point renfermé toutes les loüanges de ce saint Docteur dans la seule Vigueur naturelle de son esprit, *& que vous auez reconnu tant de lumieres surnaturelles en sa personne, qu'il a esté en effet l'esprit le plus esclairé que l'Eglise ait jamais eu.* Vous auez neanmoins exprimé cette Verité à vostre mode, c'est à dire, en Iesuite; & il a fallu confondre vos loüanges auec les siennes, en disant que c'estoit chez luy que *saint Thomas, les Suarez, sainct Augustin, tous les Docteurs, & tous les Casuistes venoient puiser leur doctrine; Et cela si vniuersellement que les Heretiques mesme croient s'en seruir, mais semblables aux araignées qui conuertissent en poison le suc des plus belles fleurs, & à ces animaux qui pour trop caresser leurs petits les estouffent.* Vous pouuez bien accoupler vostre Suarez auec S. Thomas, puis que les Escriuains de vostre modeste Societé l'appellent vn autre saint Augustin, *alterum Augustinum*, quoy qu'il peust estre nommé bien plus raisonnablement, *tout autre que saint Augustin*, étant si cõtraire à ce saint Pere en plusieurs points de sa doctrine, & aussi sterile dans la grande masse de ses Escrits, que ce grand Saint est solide dans la moindre de ses lignes. Et quant aux Casuistes *qui viennent puizer leur doctrine dans ses Ouurages*, ce ne peut estre des vostres que vous parlez, car ils n'auroient jamais pû corrompre les pures sources de la Morale Chrestienne par des ruisseaux empoisonnez s'ils auoient eu cette sage deference aux sentimens du plus grand Docteur qui ait jamais esté dans l'Eglise, & s'ils l'auoient consulté, ils n'auroient jamais esté foudroyez par tant de Censures & d'arrests qui ont fait joindre si souuent la vigilance des Magistrats à l'autorité de l'Eglise pour garentir les peuples de ce venin dont leurs Volumes sont tous remplis.

Vostre indignation est juste contre les Heretiques qui abusent de l'authorité de saint Augustin; mais si vous mettez de ce nombre vn grand Prelat qui est mort en reputation d'vne tres-grande pieté dedans le sein de l'Eglise dont il se reconnoissoit le Fils par vne humble soûmission & par vne fidelle obeïssance, quoy que la dignité Episcopale luy fist tenir le rang de Pere parmy les Chrestiens, il n'est point de calomnie pareille à la vostre, ny d'excés comparable à celuy que vous commettez encore tout de nouueau. Et qui peut douter de vostre mauuaise intention apres l'auoir fait paroistre si nettement par la chaleur de vostre colere; & le feu de la haine qui vous embraze se peut-il cacher dans la fumée d'vne si noire imposture de laquelle vous auez voulu enueloper feu Monsieur Iansenius Euesque d'Ipre? C'est luy seul que vous auez voulu décrire, quoy qu'auec des couleurs qui ne formeront jamais son visage; Apres les injures atroces que vous auez vomies contre luy dans vos Libelles, & que vous auez voulu renouueler encore dans vne Chaire destinée à la predication de l'Euangile, il ne restoit plus qu'à le nommer par son propre nom quãd vous auez dit qu'il estoit estrange *de voir qu'vn nouueau venu qui auoit esté le plus grand ennemy qu'ait eu l'Eglise & la France, & qui auoit deschiré la France auec des dents plus acerées que les viperes & les serpents, ait esté neantmoins mieux receu en trois endroits de Paris, qu'il n'auroit esté receu dans Madrid*; Contez la vieillesse de vostre humble Societé depuis cette premiere année seculiere que vous venez de celebrer auec tant de pompe, & vous apprendrez qui sont les *Nouueau-venus*. Lisez la vanité ridicule que se donne Molina d'estre le premier Auteur de sa doctrine, & si vous le pouuez garentir du tiltre de *Nouueau-venu*, vous serez le plus grand Orateur du monde. Mais ce nom injurieux ne peut conuenir à Monsieur d'Ipre, soit que vous consideriez le rang qu'il a tenu dans l'Eglise, puis qu'en cette qualité il a esté l'vn des successeurs des Apostres, soit que vous ayez égard à sa doctrine, qui estant aussi vieille que l'Euangile est passée par vne Tradition continuelle depuis saint Paul jusques à saint Augustin, & est descenduë depuis saint Augustin jusques à nous, auec vne asseurance infaillible de durer autant que la Religion Chrestienne dont elle est inseparable.

Pere Bernage, déchirer en pleine Chaire vn Homme qui est mort dans la Communion des Fidelles, c'est vne estrange inhumanité; accuser du plus grand de tous les crimes vn Prelat tres-Catholique, & appeller le plus *grand ennemy de l'Eglise* celuy qui en a esté vn des plus illustres Deffenseurs, c'est vn attentat si horrible que je n'en eusse point estimé capables les Iesuites les plus temeraires si vous ne veniez de m'apprendre par cet exemple qu'il faut tout croire de ceux dont l'animosité prend tous les jours de nouueaux accroissemens à mesure que leur reputation diminuë. Sçauiez-vous ce que vous disiez, & estoit-ce la voix d'vn Predicateur qui retentissoit à nos oreilles quand vous auez fait fremir tout vostre Auditoire par des paroles si indignes? Quand vous auriez voulu parler du moindre de tous les Laiques, s'il auoit receu la paix en mourant, vous ne l'auriez pû blesser sans blesser toute l'Eglise jusques dans le cœur en la personne d'vn de ses Membres. Qu'est-ce donc de traiter comme vn Heretique malheureux vn Homme tres-orthodoxe dans ses sentimens, tres-exemplaire dans ses mœurs, que l'on ne pouuoit oüir durant sa vie sans oüir IESVS-CHRIST mesme, parce qu'il estoit vn des amis de l'Espoux, que l'on ne pouuoit mépriser sans mépriser le Diuin Sauueur de qui il tenoit l'Onction Episcopale, & qui ayant enfanté dans ses doctes veilles, & arrousé de ses prieres & de ses larmes vn Ouurage qui n'est tissu que des paroles de saint Augustin, l'a mis aux pieds de l'Eglise auec vn profond respect pour en prononcer souuerainement? Estoit-il *le plus grand Ennemy de l'Eglise* quand il soustenoit ses Veritez saintes contre les Ministres de Bosleduc pour confirmer dans la Foy tous les Catholiques de cette Ville, & confondre les Heretiques par des autoritez pressantes, & par d'inuincibles raisonnemens? Estoit-il le *plus grand Ennemy de l'Eglise* quand il composoit de si sçauans Commentaires sur l'Escriture, & qu'il allumoit vn flambeau pour en donner l'intelligence à ceux qui la lisent auec respect? Mais est-il deuenu enfin *le plus grand Ennemy de l'Eglise* quand il a ramassé dans vn Volume miraculeux ce qui est épars dans tous les Liures de saint Augustin sur la matiere de la Predestination & de la Grace? Si vous ne l'auez point leu, quelle audace d'en parler en pleine Chaire d'vne maniere si injurieuse, & de vous emporter aueuglément à de si cruelles inuectiues dans vne chose de telle importance? Et si vous l'auez leu, la soûmission qu'il fait au jugement de l'Eglise, n'est-elle pas vne digue capable d'arrester le torrent impetueux de cette haine mortelle que vous luy auez voüée?

Escoutez si les Ennemis de l'Eglise parlent ainsi: *Pour moy je suis dans cette ferme resolution de prendre jusques à la mort pour guide de mes sentimens, & pour regle de ma creance l'Eglise Romaine, & le successeur de S. Pierre dans la chaire de Rome. Ie sçay que l'Eglise est bastie sur cette pierre; que quiconque ne recueille point auec luy dissipe au lieu de recueillir, & que c'est luy seul qui conserue dans vn estat incorruptible la succession de la doctrine de nos Peres. Ayant toûjours vescu depuis ma plus tendre jeunesse dans la Communion de cette chaire de Saint Pierre, & estant resolu d'y viure toûjours & d'y mourir, Ie suis prest de suiure tout ce que prescrira le successeur du Prince des Apostres, le Vicaire de Iesus Christ, le Chef, le Moderateur, & le souuerain Pontife de l'Eglise. Ie tiens tout ce qu'il tient; I'improuue tout ce qu'il improuue; Ie condamne tout ce qu'il condamne; I'anathematize tout ce qu'il anathematize.* Et non content d'auoir fait cette protestation solennelle dans vn liure qui sert de preface à tout le corps de son ouurage; Il le conclut encore par la mesme soûmission, & veut que ce soit comme le seau de sa doctrine. *Tout ce que j'ay auancé*, dit-il, *touchant des choses si differentes & si difficiles, non pas selon mon opinion particuliere, mais selon le sentiment de ce sainct Docteur, Ie le suspends en attendant le jugement & la sentence du sainct Siege Apostolique, & de l'Eglise Romaine ma Mere, de sorte que je le tiens dés à present si elle le juge qu'il le faut tenir, je le reuoque, le condamne, & l'anathematize; si elle juge qu'il le faut reuoquer, condamner, & anathematizer. Car ayant esté baptizé dans cette Eglise, & dans la communion de ce siege dés que j'estois encore petit enfant, & ayant passé par tous les aages sans m'en destourner en quoy que ce soit, ny de dessein, ny d'action, ny de parole, du moins autant que je puis en auoir de connoissance, I'ay resolu de viure ainsi jusqu'au dernier*

Mihi enim constitutum est, eandem quam ab infantia secutus sum sensuum meorum ad extremum spiritum vsque ducem sequi, Romanam Ecclesiam, & beatissimi Petri in Romana Sede successorē. Super illam petram ædificatam Ecclesiam scio. Quicumque cum ipso non colligit spargit; apud quem solum incorrupta Patrum seruatur hæreditas. Quicquid in ista Petri cathedra in cuius communione à teneris vixi, & porrò viuere & mori fixum est, ab isto Principis Apostolorum successore, ab isto Christi Domini Vicario, ab isto Ecclesiæ Christianæ vniuersæ Capite, Moderatore, Pontifice præscriptum fuerit, hoc teneo; quicquid improbatum, improbo; damnatum, dāno, anathematizatum, anathematizo. *Cornel. Iansen. l. proœmiali. cap. 19.*

Quicquid de rebus tam multiplicibus & arduis, non juxta meā, sed juxta S. Doctoris mentem pronunciaui, ex Apostolicæ Sedis Ecclesiæque Romanæ matris meę judicio sententiaque suspendo, vt *souspir, de mourir dans ces sentimens moyennant la grace de Dieu, & de les porter auec moy jusqu'au tribunal de sa diuine Iustice, afin que selon sa regle toute sainte & toute sacrée qui a esté preschée par tout le monde, & a esté creuë vniuersellement de tous les peuples par la succession continuelle des Papes de Rome, Ie reçoiue de la misericorde de Dieu ou de sa justice le bien ou le mal qu'il luy plaira d'ordonner à mon sujet.* Enfin il a voulu en faire vn des articles de son Testament, & Dieu luy a fait la grace de conseruer iusques au dernier souspir de sa vie ce saint respect, qui est la marque des veritables Catholiques, & des Euesques Orthodoxes. Mais quoy que d'illustres Prelats, & de sçauans Theologiens soustiennent la pureté de sa doctrine contre la violence des Iesuites qui sont conuaincus de mille erreurs, & n'ont peu encore prouuer solidement qu'il se trouuast la moindre tasche dans tout son ouurage, neantmoins vne protestation qui a garanty du crime & du blasme de l'heresie ceux qui auoient eu des opinions heretiques n'a point la force de couurir sa teste sacrée, & de deffendre sa memoire des accusations injurieuses qu'en fait le P. Bernage, & ce Iesuite par vne retenuë digne de sa profession, fait ce que ne firent jamais ny les Papes ny les Conciles traittant comme *le plus grand ennemy de l'Eglise* vn Euesque qui est mort en se soumettant à l'Eglise.

illud jam nunc teneam si tenendum, reuocem si reuocandum, damnem & anathematizem si damnandum & anathematizandum esse judicauerit. Nam quemadmodum istius Ecclesiæ ac Sedis mysteriis infantulus initiatus, & eius fide cum lacte matris imbutus fui, & creui, & adoleui, & senui, ab ea ad latũ vnguem quod sciam, animo, aut facto, aut sermone reflexi, ita porrò ad extremum vsque spiritum viuere, ac Deo adjuuante mori, diuinoque judicio sisti, mihi constitutum est; vt juxta sacratissimam ei⁹ regulam, quæ à temporibus Apostolorum per successionem continuam Romanorum Pontificum per vniuersum orbem prædicata & credita est, referam à Dei misericordia, aut justitia bonum aut malum, *Idem in Epilogo.*

Si vous connoissez l'Abbé Ioachim, & si lors que vous citiez vne de ses propheties dans vn Sermon de S. Ignace, vous ne parliez point sur la foy d'autruy, vous deuez sçauoir qu'ayant fait vn liure contre Pierre Lombard ce celebre Euesque de Paris que l'on appelle ordinairement le Maistre des sentences, & estant tombé en plusieurs erreurs grossieres touchant la matiere de la Trinité, il fut condamné par le Cõcile general de Latran sous Innocent III. Mais en condamnant sa doctrine on ne toucha ny à sa personne, ny à son institut, & apres auoir declaré heretique en ce poinct ceux qui voudroient ou defendre ou approuuer son opinion, Ce sainct Concile adjousta, *Neantmoins nous ne voulons pas deroger en quoy que ce soit au Monastere de Flore dont Ioachim a esté l'instituteur, parce que l'institut en est regulier, & l'obseruance salutaire, veu principalement que ce Ioachim*

In nullo tamen per hoc Florensi Monasterio, cujus ipse Ioachim extitit institutor volumus derogare, quoniã ibi & regularis institutio est, & obseruantia salutaris, maximè cum idem Ioachim omnia scripta sua nobis assignari mãdauerit, Apostolicæ Sedis judicio approbanda, seu etiam *a recommandé que l'on nous mit tous ses escrits entre les mains pour les approuuer ou les corriger par le jugement qu'en feroit le Siege Apostolique, & qu'apres en auoir signé vne lettre, il l'a souscrite de sa propre main, faisant vne ferme protestation de vouloir suiure la mesme créance que tient l'Eglise Romaine, qui a l'auantage d'estre la mere & la maistresse de tous les fidelles, ainsi que Dieu en a disposé par l'ordre de sa prouidence.* Est-il donc vne injustice pareille à la vostre? L'Abbé Ioachim est condamné par vn Concile general, ceux qui suiuent ses opinions sont declarez heretiques; Et neantmoins parce qu'il a protesté de vouloir suiure les decisions de l'Eglise Catholique, & de ne point se separer de sa doctrine, on exempte sa personne de cette honteuse flestrissure. Et vn grand Prelat qui n'a mis au iour qu'vn extraict fidelle des sentimens de saint Augustin, & qui n'a traitté les difficultez de la Grace que comme vne question de fait pour examiner quel auoit esté le sentiment de ce saint Euesque sur cette matiere: vn Euesque qui a rehaussé l'eminence de sa doctrine par la solidité de sa vertu, qui n'a esté condamné par aucun Concile, ny par aucun Pape, & qui a reïteré tant de fois cette soumission Catholique, est traitté en pleine chaire par vn declamateur Iesuite & par vn homme sans authorité, non seulement comme si effectiuement il auoit esté vn heretique & vn malheureux, mais mesme comme *le plus grand ennemy de l'Eglise.* Est-il vn attentat plus temeraire que celuy là, & n'est ce point dire trop peu, que de dire que celuy qui le commet outrage tous les Prelats, si l'on n'adjouste en mesme temps qu'il vsurpe vne authorité plus grande que celle mesme du Saint Siege, qu'il viole toutes les loix de cette sainte Espouse de Iesvs Christ, & qu'il rompt la communion des fidelles? Certainement il est bien à craindre que ceux qui pour donner à leur Ordre le nouueau titre de Seraphiques ont allegué les Propheties suspectes de l'Abbé Ioachim, n'accomplissent en eux mesmes les veritables predictions de sainte Hildegarde, dont on lit vne copie au commencemēt des œuures d'Aurelius, & que ces cris seditieux & schismatiques ne soient les derniers souspirs d'vn corps que le mespris & l'ignorance affe-

corrigenda, dictans epistolam cui propriâ manu subscripsit, in qua firmiter confitetur se illam fidem tenere quam Romana teneat Ecclesia, quæ cunctorum fidelium disponēte Domino mater est & magistra. *Conc. Later. 4. cap. 2.*

ctée du mystere de la Grace fait tomber par terre.

Mais comme si c'estoit trop peu de rendre odieux ce grand Prelat à tous les enfans de l'Eglise en l'accusant d'estre le plus grand ennemy de leur sainte Mere, vous auez voulu joindre encore vn coup la Politique à la Religion; & parce que vostre Compagnie a vn si grand zele pour l'Estat, & vne auersion si naturelle de l'Espagne, qui ne luy fut jamais de quoy que ce soit, vous n'auez point fait de difficulté de parler de la doctrine de Monsieur Iansenius auec abomination, parce que vous pretendez qu'il a esté *le plus grand ennemy de la France, & qu'il l'a deschirée auec des dents plus acerées que les viperes & les serpens.* A dire le vray, Pere Bernage, j'attribuë au vestige de vostre Societé vne repetition si frequente & si inutile d'vne accusation qu'il est aisé de faire retomber sur vous-mesmes si on l'examine de bien prés. Vous pretendez que Monsieur Iansenius qui est né sous la domination du Roy d'Espagne a fait vn liure pour son Prince pendant la guerre des deux Couronnes, & que ce liure qu'il a appellé le *Mars François* doit faire condamner par toute la France tous les liures qu'il peut auoir faits depuis qu'il a commis contre nous vne si grande hostilité. Mais outre que c'est vn fait que vous supposez sans l'auoir prouué jusqu'à present, & que vous ne verifierez jamais que Monsieur Iansenius soit auteur de cét ouurage, quoy que vous ayez voulu esblouïr les yeux des simples par la lueur apparente de cette raison, je n'ai pû encore voir quel auantage vous en pouuez justemét tirer. Si c'est vn crime que d'escrire pour son Prince, & pour sa patrie, c'est vn beau crime, dont toutesfois les Iesuites sont tres-innocens en ce Royaume. Si l'auteur du *Mars François* quel qu'il puisse estre, n'a point gardé vne juste moderation en escriuant pour son païs, & s'il s'est laissé emporter à quelque excés en soustenant les interests de son Prince, j'estime que son liure merite d'estre reprimé auec vehemence; Mais, graces à Dieu, comme je suis trop bon François pour approuuer les injures qui sont faites à ma patrie, aussi je suis trop bon Catholique pour estendre cette auersion jusque sur tous les autres ouurages de de cét auteur s'ils sont orthodoxes; & pour en juger raisonnablement, je dois les examiner par les regles que l'Eglise m'en a laissées, & non point par les attachemens naturels que je puis auoir au païs qui m'a donné la naissance. En effet, Pere Bernage, si Monsieur Iansenius que vous accusez d'estre auteur du *Mars François* sans en auoir jamais apporté de preuues; si ce Prelat, dis-je, auoit employé à escrire de la Trinité le temps qu'il a donné à esclaircir les matieres de la Grace: s'il auoit rapporté fidellement dans vn excellent volume les sentimens de saint Athanase ou de saint Hilaire contre les Ariens, au lieu d'auoir ramassé ceux du grand saint Augustin contre Pelage; y auroit-il lieu de criailler à nos oreilles que sa doctrine seroit detestable, parce que ce seroit la doctrine *du plus grand ennemy de la France?* Est-ce que la doctrine de la Grace n'est receuable qu'en Espagne, & que la France la doit tenir pour suspecte dans les liures des Espagnols? Si cela estoit, que deuiendroit Molina vostre Patriarche? Et pour vous mettre deux exemples plus pressans deuant les yeux, que deuiendroit vostre incomparable Vasquez qui a creu ne pouuoir prouuer l'existence de Dieu contre les Athées sans mettre Henry III. du nombre de ces impies, & sans noircir la memoire de ce grand Prince si long-temps apres sa mort? Que deuiendroit cét illustre Suarez que vous venez de faire marcher de pair auec saint Thomas? vn de ses liures contre la sacrée puissance des Rois ayant esté bruslé par Arrest du Parlement de Paris, ne seroit-il pas la condamnation de tous ses autres volumes si vostre raisonnement auoit lieu? Voudriez-vous prononcer cette loy contre vous-mesmes, de faire releuer la Religion Catholique des interests, & des differentes reuolutions de l'Estat?

La doctrine de l'Eglise ne depend point de la vicissitude des temps, & n'est pas attachée à des nations particulieres. La mesme greâce qui est necessaire au Frãçois pour operer sõ salut, l'est aussi à l'Espagnol; ils n'ont les vns & les autres qu'vn Dieu, qu'vne Foi, & qu'vn Baptesme; & comme la diuersité des langues qu'ils parlent ne met aucune difference dans la Religion qu'ils professent, aussi leurs inte-

Vnus Dominus, v[illegible]a Fides, vnum Bapti[illegible]ma. *Eph.* 4. v. 5.

rests temporels ne doiuent point rompre le nœud sacré de leur alliance spirituelle. Comme membres de deux differens Estats ils ont leurs Princes separez, mais comme membres du corps mystique de Iesus-Christ ils n'ont qu'vn Monarque dont leurs Rois mesmes douiuent se dire les sujets; & quelque antipathie naturelle qui se puisse trouuer dans leurs humeurs on voit les loups & les agneaux, les leopards & les boucs assemblez dans vne mesme demeure selon les anciennes predictions d'vn Saint Prophete. Ainsi en mesme temps qu'ils sont diuisez par la guerre, ils ne laissent point d'estre vnis par le lien d'vne mesme foy; & l'Eglise qui les porte dans ses entrailles ne cesse point de prier & de gemir pour faire cesser les tristes occasions qui les diuisent. Que seroit-ce, Pere Bernage, s'il falloit nous separer par la doctrine d'auec ceux que la guerre a rendus nos ennemis? Ne seroit-ce point alors que nostre Religion seroit vne foy des temps, & non pas des Euangiles? Et dés que cette paix si desirée par tous les peuples nous auroit pleinement reconciliez, ne quitterions-nous pas nos anciens sentimẽs pour nous faire vne creance toute nouuelle?

Habitabit lupus cum agno, & hædus cum lupo accubabit. *Isa. 11. v. 6.*

Mais si vous auiez tant de zele pour la gloire de la France, d'où vient que ce *Mars François* qui vous est si odieux n'a pas encore esté foudroyé par vos Escriuains? Pourquoy estes-vous demeurez muets dans vne occasion si illustre? Et ne valoit-il pas mieux destruire l'ouurage que d'attendre si long temps à vous plaindre de l'auteur? En effet ce liure a paru des années toutes entieres sans que vous soyez sortis de vostre silence; mais aussi tost que Monsieur Iansenius que vous soupçõnez d'en estre l'auteur a laissé au public vn docte volume qui n'a pû establir la doctrine de saint Augustin sans vous conuaincre d'vne infinité d'erreurs pareilles à celles des Pelagiens, & des Semipelagiens, par vn effet inconceuable la confusion publique que vostre Molinisme a receuë vous a faits deuenir bons François, & vostre zele pour l'Estat a pris naissance de la destruction de vos mauuaises maximes. Du moins pourquoy depuis ce temps là n'auez vous pas encore escrit contre ce liure du *Mars François* afin de donner plus de couleur au reproche que vous voulez faire contre le saint Augustin de Monsieur d'Ipre? Vous auiez tant d'hommes rares, tant de sçauans Historiens, tant de Iudicieux Politiques. Vostre P. Labbé qui fait imprimer son nom à si peu de frais dans les ouurages du Louure, & qui se mesle de tout, excepté de respondre solidement au sieur Samson, ce Iesuite, dis-je, si vniuersel dans sa doctrine, & si consommé, à ce qu'il pretend, dans l'histoire de tous les siecles, n'auroit-il pû s'exercer dans cette noble carriere? ny luy, ny aucun autre de vos Peres ne se sont non plus mis en peine de respondre au *Mars François* qu'à vn autre liure tout autrement injurieux qui a paru du depuis sous le nom de *Vindiciæ Austriacæ*; & vous auez obserué cette difference à l'esgard de ces deux pieces, que l'vne irrite vostre colore parce qu'elle venoit de Flandres, c'est à dire, d'vn païs où le sçauant Euesque d'Ipre a refuté si fortement vos erreurs, & vous auez regardé l'autre auec beaucoup d'indifference, parce qu'elle auoit esté forgée dans la Franche-Comté par des mains qui ne vous estoiẽt pas fort ennemies. Par là on peut juger aisement de la sincerité de vostre zele, & il faudroit estre bien grossier pour ne point voir que la gloire de la France ne vous est chere qu'autant qu'elle est vtile à vostre societé.

Mais si l'accusation que vous formez sur ce sujet à Monsieur d'Ipre se mine d'elle-mesme, elle est encore moins receuable par la qualité des accusateurs. En effect qui sont ces Peres si ardens pour l'honneur de nostre genereuse nation, & qui se laissent emporter à vne si noble impatience quand des Escriuains Estrangers publient des liures contre nous? Certes on auroit peine à le croire; ce sont ces mesmes Iesuites qui ont écrit si souuent contre la puissance legitime des Monarques, & que ny les Censures, ny les Arrests n'ont peu encore empescher d'enseigner dans leurs escoles vne doctrine qui a laissé de si funestes effects, & de si tristes exemples. Comme si nous auions perdu la memoire auec le sentiment de nos maux, Ils croyent que nous ayons oublié ce qu'ont écrit autre fois les plus celebres de leur Compagnie contre l'authorité

Voyez les escrits de Caen.

des Princes. Ils se persuadent que nous ayons effacé de nos esprits Gregoire de Valence, Iean Azor, Iacques Gresser, Alphonse Salmeron, François Suarez, Leonard Lessius, Iean Osorius, Charles Scribanius, André Lheureux, Louïs Richeome, P. Coton, Sebastien Hessius, & tant d'autres. Ils s'imaginent que l'Vniuersité ds Paris, qui les fit trembler il y a si peu de temps au sujet du P. Hereau est maintenant endormie, & que toute la France est à leur esgard dans vn profond assoupissement. Que m'obligez-vous de dire, Pere Bernage? Ce n'estoit pas mon dessein de renouueller vos inquietudes; tenez vous donc en repos de peur de vous apprester de la besongne qui pourroit vous accabler. Ie ne sçay ce que l'on doit le plus admirer ou la boutade qui vous transporte, ou l'imprudence dans laquelle vous tombez visiblement. Car pour me seruir en cette rencontre des paroles de sainct Augustin, *Quelle violence sinon celle d'vn aueuglement prodigieux, & d'vne estrange vanité, peut contraindre vn homme de jetter contre vn autre en fermant les yeux vne pierre qui doit retomber sur sa teste, & qui le blessera luy-mesme par vn contre coup sans faire aucune atteinte à celuy qu'il auoit dessein d'offenser?* Dites ce que vous voudrez, quiconque ait esté l'auteur du *Mars François*, son liure qui n'a rien de commun auec la doctrine de saint Augustin, n'apportera jamais aucun prejudice à ce saint Pere, ce zele tardif, sterile & interessé, que vous faites paroistre pour la cause publique de la France, ne sera jamais capable d'effacer les taches honteuses que vostre malheureuse doctrine contre la sacrée personne de nos Rois a respanduë sur tout le corps de vostre societé, & si vous vouliez les effacer, ce deuroit estre plustost auec des larmes sinceres, qu'auec des cris inutiles.

Quæ tandem vis nisi cæcitas & vanitas animi cogit hominem clausis, vt dicitur oculis tanquam in alterum jacere, quod in eum qui jecerit, continuò redeat, cumque ictu reciproco affligat, intacto illo quem vulnerare voluerat. *August. l. 2. contra epist. Parm.*

Mais les criminels croyent se justifier par l'accusation des innocens, & apres auoir appellé *le plus grand ennmy de l'Eglise*, vn grand Prelat qui a esté l'vn de ses plus illustres Defenseurs, vous croyez appeller vtilement la Politique au secours de vostre Theologie agonizante. Cependant ny l'Estat ne se tient pas fort obligé de vostre chaleur, ny l'Eglise ne doit pas estre fort satisfaite de vostre conduite.

Car outre que vous l'offensez sensiblement en la personne d'vn de ses Euesques, n'est-il pas horrible que vous fassiez sortir de la poussiere des tombeaux, & que vous armiez contre le saint Siege de malheureux schismatiques qui estoient demeurez enseuelis dans les tenebres depuis tant de siecles ? Il ne restoit plus que ce dernier attentat pour honorer les cheueux gris du P. Sirmond, & pour couronner sa venerable vieillesse. Apres auoir mis en lumiere vn auteur tout parsemé d'erreurs, d'heresies, & d'ignorances grossieres sous le nom de Predestinatus ; apres auoir fait imprimer auec vn grand soin tout ce qu'il a pû trouuer d'auteurs Semipelagiens dans les Biblioteques de ce Royaume en supprimant tous les autheurs Orthodoxes qui ont soustenu la doctrine de saint Augustin contre les Partisans d'Hincmar ; apres auoir mis au jour depuis quelque mois vn Prestre de Palestine nommé Ruffin, qui est vn pur Pelagien, qui nie le peché originel, & *appelle foux ceux qui veulent condamner toute la terre, & la rendre injuste & criminelle par le peché d'vn seul Adam* ; apres tant de beaux chef-d'œuures de sa rare erudition, Ce bon vieillard pour se seruir jusques au dernier souspir de la licence qu'il a d'imprimer tout ce qu'il veut n'a point fait de conscience de deterrer vne requeste que Marcellin & Faustin Prestres Schismatiques de la secte des Luciferiens & de la faction d'Vrsin presenterent autrefois aux Empereurs Valentinien, Theodose, & Arcade ; & quoy que le saint Pape Damase y soit deschiré d'vne maniere tout à fait injurieuse & capable de scandalizer les esprits foibles ; neantmoins ce celebre Iesuite a mieux aimé nous apprendre des calomnies dont la connoissance ne peut estre vtile à rien, que de ne point se donner la satisfaction de dire luy mesme des injures toutes nouuelles en quarante lignes de Preface. Car pour respondre à ceux qui jugeront cét ouurage indigne de la lumiere, il rapporte deux raisons. La premiere, que ces auteurs quoy qu'indignes de loüanges nous apprennent & de leurs personnes, & des autres, des choses qui sont fort vtiles & qui ne se trouuẽt point ailleurs. Comme si en effect on deuoit croire des Schismatiques quand

Insaniunt qui per vnum hominẽ Adam omnem orbem terrarum iniquitatis, flagitiorumque condemnant. *Rufin Palæst. lib. 5. de fide p. 52.*

Libellus precum.

Quem (*Damasum*) in tantum matronę diligebant, vt matronarum auriscalpius diceretur. *In præfat. pag. 9.*

ils publient contre les saints Papes des calomnies qui ne se lisent que dans leurs libelles. Mais il adjouste à cette belle raison, *Que peut estre cela sera auantageux, & fera changer de conduite à ceux qui se plaisent aujoud'huy aux injures & aux medisances des Luciferiens, s'ils se ressouuiennent qu'en ce temps là les enfans de l'Eglise ont tenu plustost à gloire qu'à deshonneur de ne point plaire à des personnes qui n'auoient point de paix & d'vnion auec l'Eglise.* Il deuoit expliquer plus clairement qui sont ces personnes ; autrement on pourra dire que contre son intention cette censure ne conuient mieux à qui que ce soit qu'à sa Compagnie. A la verité la molesse des ses maximes n'a point beaucoup de rapport auec la rigueur excessiue des Luciferiens; mais les injures & les médisances contre les personnes les plus sacrées ne luy sont pas moins naturelles ; Et d'ailleurs, *Il est plus aisé de la vaincre que de la persuader*, ainsi qu'vn Luciferien disoit de ceux de sa secte dans ce celebre Dialogue que saint Ierosme a escrit contr'eux. Quoy qu'il en soit, on ne peut assez admirer le dessein du P. Sirmond & l'aueuglement de toute vostre societé dans la publication de cét infame libelle, qui outrage Innocent X, le Pere commun de tous les fideles, & deshonnore tous les souuerains Pontifes en la personne de Damase. Et que ne diriez vous point si quelqu'vn des Disciples de saint Augustin auoit fait imprimer vn manuscrit de cette nature ? Y auroit-il assez de maledictions à prononcer contre eux, assez d'anathemes à lancer contre leurs testes ? Ne faudroit-il pas aussi tost les exterminer comme les ennemis de l'Eglise ? Mais les Iesuites sont l'appuy & les colonnes du saint Siege quelques injures qu'ils puissent publier contre luy & les Disciples de saint Augustin, si l'on vous veut croire, sont les ennemis des Papes, quelque respect & quelque soûmission qu'ils rendent à leur authorité sainte.

Quia erit etiam fortasse vnde proficiant, & consilium mutent ij, qui Luciferianorum hodie conuitiis & maledicentia delectantur, si meminerint Ecclesię alũnis honori tunc fuisse, non probro, illis non placere, quibus ipsis cum Ecclesia pax & concordia non erat. *In præfat.*

Vnum tibi confiteor quia mores meos apprimè noui, faciliùs eos vinci posse quàm persuaderi. *Hier. Dial. aduers. Lucifer.*

C'est ce qui vous a fait trouuer estrange que Monsieur Iansenius que vous n'auez designé que par le nom *du plus grand ennemy qu'ait eu l'Eglise ait esté neantmoins mieux receu en trois endroits de Paris qu'il n'auroit esté receu dans Madrid.* Et parce que cette pensée vous paroissoit fort ingenieuse, vous l'auez repetée encore vne fois auec vne aigreur toute nouuelle en disant, *Que c'estoit ce qui vous outroit de voir qu'à la honte de la France cét homme ait esté icy mieux receu qu'il n'auroit esté dans saint Estienne ou saint Iacques en Galice.* Ie ne sçay, Pere Bernage, qui sont ces trois endroits de Paris où on luy a fait vn accueil qui vous offense; Mais ie sçay bien que non seulement dans Paris, mais dans toutes les villes du Royaume saint Augustin acquiert tous les jours de nouueaux Disciples, qui sont entierement persuadez que Monsieur Iansenius a esté son Interprete fidele. Ceux qui n'ont point la veuë troublée par le nuage que répandent les passions ou domestiques ou estrangeres remarquent vne entiere conformité entre la doctrine de l'Euesque d'Ipre, & les sentimens de ce saint Docteur de toute l'Eglise, & des Papes mesmes. Ne bornez donc point à trois endroits ce qui est d'vne si vaste estenduë; & quelque jugement que l'Espagne puisse porter de cette doctrine n'en jugez point par des interests Politiques de peur de profaner les choses saintes par des considerations humaines & toutes charnelles. Mais que sera-ce si vous entendez dire l'vn de ces jours que l'Espagne entreprend la deffense de saint Augustin, & de Monsieur Iansenius? Que la nouueauté de vostre doctrine est traittée comme elle merite par les Prelats de ce Royaume? Qu'ils ont deputé vn des leurs vers le Pape pour s'en plaindre? Et que leur zele s'oppose fortement à vos injustes violences? Ce sera alors que vous tiendrez vn autre langage; Vous ne direz plus qu'il est estrange qu'vn nouueau venu ait esté mieux receu en France qu'il n'eust esté dans Madrid, mais vous direz que ce qui vous outre en cette rencontre c'est de voir que les François vueillent auoir vne mesme doctrine auec les Espagnols leurs Ennemis; & qu'ils deffendent le Liure d'vn Estranger auec autant d'ardeur comme si nous ne faisions point la guerre à sa Nation. Car il me semble que si vous n'aymez mieux vous taire, il ne vous restera plus d'autre réponse que celle là, & que vostre Theologie sera muëtte si la Politique ne vous fournit de si foibles & de si ridicules paroles.

Quelque violent que fust le transport de vostre colere, il vous est resté assez de lumiere pour vous apperceuoir du scandale que vous excitiez dans l'esprit de vos Auditeurs, & c'est ce qui vous a obligé de justifier vos violences & vos impostures par vne nouuelle calomnie contre Monsieur d'Ipre, en disant *que vous n'en parleriez pas s'il n'auoit esté condamné par les Papes.* Quelle est cette condamnation, Pere Bernage? Est-ce de la personne de cét Euesque, qui n'a jamais esté condamnée, & ne pourra jamais l'estre apres tant de soûmissions qu'il a faites au S. Siege? Est-ce seulement de sa doctrine que vous entendez parler, vous qui traitez vn Prelat tres-orthodoxe, & qui est mort dans la sainte Communion de l'Eglise, comme si c'estoit le plus abominable de tous les heresiarques? Mais où se lit cette condamnation de sa doctrine? Certes ce n'est point dans la Bulle d'Vrbain VIII. qui n'est qu'vn Decret prouisionnel, comme l'on vous a faict voir tant de fois d'vne maniere inuincible. Autrement si le mot de *deffendre* signifioit *condamner* vos Theses de Louuain, c'est à dire toutes vos maximes dans la matiere de la Grace seroient aussi *condamnées* par cette Bulle puis qu'elles y sont *deffenduës* dans les mesmes termes que le liure de Monsieur d'Ipre. Et si cette Bulle eût condamné effectiuement la doctrine, comment est-ce que Monseigneur le Cardinal Grimaldi pour lors resident à Paris, eût permis à Monseigneur l'Archeuesque de Sens de porter sa Sainteté à faire vne Congregation *de auxiliis*, pour examiner à fonds toutes ces matieres? Comment est-ce que depuis la date de la Bulle sa Sainteté eust fait nommer des Examinateurs pour lire ce liure? Ne parlez donc point d'vne Bulle dont vous estes les Infracteurs, puis que la faisant imprimer à Paris par Chastelain, vous l'auez inserée dans vn mesme volume auec vos Theses de Louuain qu'elle deffend en termes exprés. Voila la force de vos excuses. Dire que vous *ne parleriez pas* de Monsieur Iansenius s'il *n'auoit esté condamné par les Papes*, c'est à dire que vous *n'en parleriez pas si les Papes ne vous l'auoient deffendu.* Car si cette Bulle est receuable, elle vous condamne à vn silence rigoureux sur ces matieres,

matieres, & bien loin de vous donner l'autorité de prononcer des anathemes contre les autres, elle vous excommunie vous mesmes, & vous met au nombre des ennemis du S. Siege.

Enfin il a fallu acheuer cette inuectiue comme vous l'auiez commencée, & la conclusion de vostre discours ne pouuoit estre que sanglante puis que l'exorde en auoit esté si cruel. C'est ce qui vous a porté à dire sans obscurité *qu'il falloit foudroyer ces pestes*, & à vomir de vostre bouche eloquête tout ce que le zele amer pouuoit auoir fait entrer dans le cœur d'vn Iesuite. Ie ne sçay, Pere Bernage, si les Disciples de S. Augustin doiuent se plaindre de vostre haine, ou vous rendre graces de la charité que vous leur faites paroistre : car apres tout le S. Docteur, dont ils deffendent les sentimens, ne tient dans l'Eglise que le rang de Confesseur, & vous voulez qu'ils soient des Martyrs; mais comme vostre Societé prendroit la meilleure part dans leurs supplices, je ne sçay si le nom qu'elle a dessein d'acquerir luy seroit fort glorieux, & quel partage si inegal elle feroit entre ses Peres, dont les vns persecuteroient jusques au sang les fidelles en ce Royaume, & les autres iroient chercher les occasions de verser leur sang sous le glaiue des Infidelles en Canada. Cependant il y a long-temps que vous auez soif, & pour vous desalterer vous auez dit *aux Grands* de la terre, *que l'Eglise est attaquée au cœur, & qu'il faut joindre le foudre au tonnerre, & l'Espée Royale auec celle de l'Eglise pour exterminer ce mal-heur de nos jours*, c'est à dire pour massacrer tous les Disciples de S. Augustin, de peur que le repos des Molinistes ne soit troublé par la conuiction publique de leurs erreurs. Et certainement vous n'auez manqué ny de haine pour conceuoir vne entreprise si barbare, ny d'artifice & d'intrigues pour l'executer. *Mais Dieu soit loüé de ce que les forces de la malice ne sont pas si grandes que ses efforts sont violents; c'estoit fait de l'innocence si la puissance n'estoit jamais separée de la malignité des hommes, & si la calomnie auoit l'auantage de se satisfaire dans tous ses desirs.* Nous viuons dans vn Royaume trop Catholique pour croire que l'autorité des

Dans le Libelle intitulé, Sommaire de la Theologie du sieur Arnauld.

Benè quod malitia non habet tantas vires, quãtos conatus; perierat innocentia, si semper nequitiæ juncta esset potentia, & totum quicquid cupit calumnia præualeret. *Hieron. l. 2. in Rufin. c. 2.*

Loix fauorise les desseins de vostre vengeance ; Dieu qui tient entre ses mains le cœur des Rois, inspirera des sentimens plus humains à nostre jeune Monarque ; & quelque impression que vous taschiez de donner de nous aux Puissances de la terre, le Ciel entreprendra tousiours la protection de ceux *qui ne sont coulpables ny contre Cesar, ny contre le Temple, ny contre la Loy.* Apres tout, si vous mettez vostre bon-heur à paroître formidables, nous demanderons à Dieu la grace de n'estre ny temeraires ny timides ; & si vous persistez dans le dessein de viure comme des Tyrans, nous considererons comme vne faueur tres-rare celle de mourir comme des Martyrs.

Neantmoins, Pere Bernage, nous n'aspirons pas à des couronnes qui vous cousteroient vn grand crime ; nous auons mesme beaucoup de compassion de celuy que vous commettez par des souhaits meurtriers que vous auez fait esclatter en pleine chaire ; & nous prions Dieu qu'il modere vostre zele pour guerir vostre aueuglement. Il est incroyable si vous ne vous apperceuez point *que vos fleches les plus perçantes* ne font non plus d'atteinte sur les Disciples de S. Augustin que si elles estoient jettées *par la foible main des petits enfants* ; & que *vos langues*, quoy que trempées dans le fiel de l'imposture & dans l'amertume de la vengeance *n'ont de la force que contre vous.* Ceux qui n'ont pas plus de lumiere que celle que leur inspire l'instinct general du Christianisme, sont scandalizez de vostre inhumanité, qui est si esloignée de l'esprit de nostre Religion, & ils ont sujet de dire que si vous estes de nouueaux Apostres, vostre conduite est bien differente de celle des anciens. Mais les gents de lettres se confirment de plus en plus dans l'experience de vostre foiblesse, & ils auroient eu bien de la peine à conceuoir comme il est possible que vous ayez parlé en pleine chaire auec tant d'aigreur d'vn mystere dont vous paroissez auoir si peu de connoissance & de lumiere, s'ils n'auoient appris d'vn excellent Pere Grec *que la temerité est la fille de l'ignorance.*

Sagittæ paruulorum factæ sunt plagæ eorum & infirmatæ sunt contra illos linguæ eorum. *Ps. 63. v. 8.*

Θράσις ἀμαθίας ἔκγονον. *Gregor. Naz. orat. 26.*

Que si par ces clameurs seditieuses qui offensent egalement le ciel & la terre, vous esperez imposer silence aux

Disciples de S. Augustin, sçachez, s'il vous plaist, Pere Bernage, que vostre Compagnie se flatte d'vne esperance friuole. Tandis qu'elle demeurera dans l'attachement opiniastre à ses dangereuses maximes, nous declarerons la guerre à vos erreurs, sans rompre de nostre part le lien de la charité auec vos personnes; & de toutes vos erreurs nous n'en estimerons jamais ny de plus pernicieuses, ny qui meritent d'estre reprimées auec plus de vigueur par les veritables Catholiques que celles dont vous estes conuaincus sur les matieres de la Grace. Car pour me seruir de la pensée de S. Chrysostome en vne pareille occasion, *comme Dauid ne jetta par terre qu'vn seul Goliat, mais neantmoins la cheute de ce geant obligea toute l'armée des Philistins de tourner le dos; ce n'estoit qu'vn homme qui estoit tué, & qu'vne teste couppée, mais vne armée toute entiere en prit la fuitte, & la crainte se respandit vniuersellement par tous les Soldats: Ainsi apres auoir esté victorieux de cette erreur capitale, ce nous sera le moyen de renuerser d'vn seul coup toutes les autres.* Vous auez declaré la guerre à toute la Morale Chrestienne, quand vous auez voulu comme sapper par le pied la doctrine de la Grace de IESVS-CHRIST qui en est le fondement; & nous deffendrons toute la Morale Chrestienne des corruptions que vous y auez respanduës quand nous soutiendrons la pureté des sentimens de S. Augustin sur ce mystere adorable.

Καθάπερ ἐπὶ τοῦ Δαυὶδ ὁ μὲν Γολιὰθ κατέπεσε, ὁ δὲ στρατόπεδον ἅπαν ἐδραπέτευσε, καὶ ὁ μὲν θάνατος ἑνὸς γέγονε σώματος, καὶ μιᾶς ἡ πληγὴ κεφαλῆς. ἡ δὲ φυγὴ καὶ ἡ δειλία κοινὴ τοῦ στρατοπέδου παντός. οὕτω δὴ καὶ ἐφ' ἡμῶν νῦν, μιᾶς αἱρέσεως πληγείσης, καὶ καταπεσούσης, κοινὴ τῶν ἀπηριθμημένων ἁπάντων ἔσται φυγή. *Chrysost. homil. 6. contra Anomæos.*

Cependant, Pere Bernage, je vous prie de faire reflexion sur vous mesmes, & de considerer que par vn juste Iugement de Dieu il vous est arriué la mesme chose qu'à ceux qui pour laisser des marques eternelles de leur vanité voulurent esleuer contre le Ciel cette tour fameuse de Babylone. Car comme vous n'auez pas d'autre dessein que d'esleuer l'orgueil humain, & de le faire encore combatre contre le Ciel par les opinions superbes du Molinisme, Dieu a confondu vos langues, & a fait destruire par la vostre ce que le Pere Adam auoit voulu establir, & il a permis l'humiliation de deux Iesuites qui conduisoient à l'erreur par deux routes differentes. Nous prions sa Diuine bonté qu'il vous faſſe entrer auec vne reſpectueuſe ſoûmiſſion dans les ſentimens de l'Egliſe, puis que c'eſt elle ſeule qui a reüni toutes les langues pour tenir vn meſme diſcours par toute la terre, comme elle a reüni tous les cœurs pour ne faire qu'vne meſme ame de celle de tous les Fidelles. Vous me verrez touſiours preſt auec la Grace de Dieu, d'expoſer la mienne pour la conſeruation de la voſtre, & il m'a inſpiré ſouuent le mouuement de le prier pour voſtre perſonne au moment meſme que la neceſſité m'obligeoit de reprimer vos excés par cét eſcrit. I'eſpere que s'il ne change voſtre cœur, du moins il tirera de vos inuectiues l'eſclairciſſement de ſa doctrine, car pour finir par vne parole admirable de S. Auguſtin, *Il tourne à noſtre auantage non ſeulement ce que la verité enſeigne, mais meſme les cris & la contradiction de la vanité, afin que l'on eſcoute vne ſeuere verité en reſpondant à vne vanité inquiete.*

Ille quippe donat prodeſſe nobis, non ſolùm quod docet veritas, ſed etiam quod abſtrepit vanitas; vt cùm reſpondetur inquietiſſimæ vanitati, auſcultetur ſeueriſſimæ veritati. *Aug. l. 1. contra aduerſar. Legis & Prophetar.*

ERRATA.

	Page.	Ligne.	Fautes.	Corrections.
à la marge. ligne 9.	11		saiut.	saint.
	19	37	Eustachium.	Eustathium.
	22	23	Traduci.	Traducien.
	26	30	estudier les liures.	estudier dans les liures.
à la marge. ligne 23.	26		error.	erat.
	30	27	la necessité.	la resistance.
à la marge. ligne 2.	33		verï.	vere.
	39	26	de cette nature.	de cette nature n'estant âgé que de vingt ans.
à la marge. ligne 29.	41		ostonar.	sermo.
	42	13	Suarez, saint Augustin, tous.	Suarez, les Vasquez, tous.
	42	20	peuste.	peust.
	48	13	vettige.	vestige.
	51	25	mine.	ruine.
	52	3	Greffer.	Gretser.
	52	5	Hessius & tant.	Hessius, Anthoine Sanctarel, & tant.
	54	12	des ses.	de ses.
	56	15	cettes.	certes.
à la marge. ligne 6.	58		Θράσις.	Θράσος.
à la mesme marge.	58		ἀμαλίας.	ἀμαθίας.
à la marge. ligne 13.	59		ἀπιέθλμ μένον	ἀπνειθμημένων.
à la mesme marge.	59		ἀπάνλάν.	ἀπάνλων.

www.ingramcontent.com/pod-product-compliance
Ingram Content Group UK Ltd.
Pitfield, Milton Keynes, MK11 3LW, UK
UKHW021650260726
13994UKWH00003B/1384